SUBCU **X**
THE MEANIN **CK HEBDIGE**

SUBCULTURE
THE MEANING OF STYLE BY DICK HEBDIGE

亚文化
风格的意义

[英]
迪克·赫伯迪格 著
修丁 译

GUANGXI NORMAL UNIVERSITY PRESS
广西师范大学出版社

·桂林·

图书在版编目(CIP)数据

亚文化:风格的意义 / (英) 迪克·赫伯迪格著;
修丁译. —— 桂林:广西师范大学出版社, 2023.4 (2023.9重印)
书名原文: Subculture: The Meaning of Style
ISBN 978-7-5598-5506-0

Ⅰ.①亚… Ⅱ.①迪… ②修… Ⅲ.①亚文化 – 文化
研究 – 英国 – 现代 Ⅳ.①G156.1

中国版本图书馆CIP数据核字(2022)第191687号

YA WENHUA
亚文化

作　　者:(英)迪克·赫伯迪格
责任编辑:谭宇墨凡
特约编辑:王韵沁
装帧设计:山　川
内文制作:常　亭

广西师范大学出版社出版发行

　广西桂林市五里店路 9 号　邮政编码:541004

　　网址:www.bbtpress.com

出版人:黄轩庄
全国新华书店经销
发行热线:010-64284815
北京鑫益晖印刷有限公司印刷
开本:889mm×1194mm　1/32
印张:7　　　　字数:110 千
2023 年 4 月第 1 版　2023 年 9 月第 3 次印刷
定价:58.00 元

如发现印装质量问题,影响阅读,请与出版社发行部门联系调换。

目录 contents

导言：亚文化与风格

墙上挂着一张规章板，我想办法弄到了二十多张照片，用嚼过的面包渣把它们贴在了板子背面。我用工头捎来的小截铜丝钉起几张，又用铜丝穿了彩色玻璃珠。隔壁狱友拿这些珠子做葬礼花环，我用它们制作了星形框架，裱上罪犯中的罪犯。傍晚时分，你打开朝街的窗户，而我翻过板子欣赏这些照片。微笑也好讥笑也罢，都以不可阻挡之势穿过我所有的洞口，进入我的身体……它们注视着我的琐碎日常。（Genet，1966a）

让·热内[1]在《小偷日记》的开篇写道，在一次突击检查当中，西班牙警察从他身上搜到了一管凡士林并没收了它。这"该死的脏东西"把热内的同性恋身份公之

---

[1] 让·热内（Jean Genet, 1910—1986）：法国当代小说家、剧作家、诗人、社会活动家。早年是流浪汉，曾因偷窃罪被捕，后转而从事写作。著有《小偷日记》《鲜花圣母》《贾科梅蒂的画室》等。

于众，但它也成了热内的守护符——"这个风雅秘事的符号很快就会把我从蔑视中拯救出来"。搜出凡士林以后，警局的笔录室哄笑一堂。警察们"浑身散发着大蒜味与油腻气息，汗臭熏天……却出于强烈的道德感"对热内含沙射影、痛斥谩骂。热内自己也跟着大笑（"尽管很痛苦"），但他入住牢房后，"那管凡士林的样子从此挥之不去"。

我确信，这个卑微不起眼的玩意儿可以反抗他们。它只需要待在那儿，就能惹怒世上所有警察，它会吸引蔑视、仇恨和白人愚蠢的怒火。（Genet，1967）

我选择摘录热内的片段作为开篇，是因为他在生活与艺术中，比任何人都更彻底地挖掘了风格的颠覆性意义。我将多次重回热内的主旨：反抗的地位与意义——将风格视为一种拒绝，将犯罪升华为一种艺术（尽管在本书的案例中，所谓"罪行"不过是指被打破的规范）。和热内一样，首先，我们好奇亚文化群体的表达方式与习惯，这些群体包括泰迪男孩[1]、摩登族（mod）、摇滚青年[2]、光头

---

[1] "泰迪男孩"（teddy boy）实际得名于爱德华七世的小名"泰迪"（teddy），《每日邮报》1953年的新闻标题曾用"泰迪"表示"爱德华式"的含义。泰迪男孩窃取爱德华风格的细节，将其拼接到美国黑帮式西服和阻特装上，形成了自己的风格。

[2] 摇滚青年（rocker），也称"洛克帮"，20世纪60年代的英国青年亚文化。成员喜爱穿皮夹克、骑摩托车，热衷50年代的摇滚曲风，与摩登族是死对头。

党（skinhead）与朋克青年。他们相继被视为公共秩序的威胁或无害的跳梁小丑，人们或是贬低谴责他们，或是将他们捧上圣坛。其次，我们也被平平无奇的物件吸引。安全别针、尖头鞋、摩托车和热内的凡士林一样，都是符号。它们是圣痕，象征着自我放逐。最后，我们也必须想办法再现行为与文化反应之间的辩证关系——是这一关系给这些物件赋予了意义。既然热内"反常"性行为与警察"合法"愤怒之间的矛盾可以灌注进一个单一物件里，那么亚文化的表面（即由具有双重意义的日常物件拼接而成的风格）同样可以折射主导群体与从属群体之间的紧张关系。亚文化物件一方面预先警告"正派"世界，这里有一种邪恶的存在，即差异的存在，它们故意博取暧昧的敌意、不安的嘲笑与"白人愚蠢的怒火"；另一方面，对那些将它们塑成圣像、把它们当语词或咒语使用的人而言，这些物件成为他们的价值来源和禁忌身份的象征。热内看着凡士林，回忆起警察的差辱，反倒从中获得了安慰，它象征他"获胜"了——"我宁可流血，也要守护这个蠢东西"。

亚文化的意义总处于争议之中，我们也总能在对风格的不同定义中看到最为激情的碰撞。因此，本书将花大量篇幅描述亚文化的"风格"物件被反复赋予意义的过程。如《小偷日记》里所写，这个过程始于对自然秩序的反叛，止于某种风格的建构完成：虽然亚文化的越轨行为看似微不足道，只不过是梳背头，买速可达[1]、唱片或某种西装，但它摆出了蔑视或反抗的姿态，面带微笑或讥笑。这是拒绝的信号，我认为这种拒绝值得研究。这一姿态饱含意义，这些微笑与讥笑具有颠覆性价值，即便在最终分析中，它们就像热内的黑帮挂像一样，不过是规章的黑暗面与监狱墙上密密麻麻的涂鸦。

尽管如此，涂鸦也能做精彩解读。人们着迷于涂鸦本身。它们既是无能的表现，也是一股力量，一股足以毁坏（disfigure）人与事物外形的力量。诺曼·梅勒[2]形容涂鸦"易汝之容，借汝之名"。我将在本书中试着破译这些涂鸦，并解读战后各种青年风格所蕴含的意义。不过，在着手研究具体亚文化以前，首先要定义基本术语。"亚文化"一词充满神秘，它意味着秘密、共济会式的誓言和一个地下世界。但它同时还涉及更广义的"文化"概念，这个概念同样难以定义。那么，就让我们从"文化"概念切入吧。

---

[1] 速可达（scooter）：一种小型摩托车。

[2] 诺曼·梅勒（Norman Mailer, 1923—2007）：美国著名作家、文学批评家，著有《裸者与死者》《林中城堡》《刽子手之歌》等作品。

第一章　从文化到霸权

文化

> 文化：
>
> 栽培，照料，基督教作者也用其指代礼拜仪式；开垦土地的行为或做法；耕作、畜牧；养殖或饲养特定动物（例如鱼）；人工培养微生物，或人工培养而成的微生物；通过教育、培训来培养或陶冶某人，使其心智、才能与礼节得到发展，趋于完善；受过培训或经过陶冶的状态；文明的智性层面；从事、特别关注或钻研任何学科或事业。
>
> ——《牛津英语词典》

上述一连串定义说明"文化"概念是出了名的模棱两可。几个世纪以来，它被用于诸多语境，进而延伸出不同的含义，往往自相矛盾。即便作为科学术语，文化也可以同时指代过程（人工培养微生物）与产物（人工培养而成的微生物）。尤其是18世纪末以来，英国的知识分子与文学界人士密切关注一系列争议性问题，并将它们都归为文化的范畴。诸如"生活质量"、机械化对人类的影响、劳动分工、大众社会的兴起等等议题，都被雷蒙德·威廉斯[1]放在"文化与社会"的框架下讨论。"有机社会"（即社会作为一个有意义的有机整体）的梦想之所以经久不衰，大体得益于这一质疑与批判的传统。实现梦想大致有两条道路。一条是回到过去，重拾封建共同体等级秩序的理念。在这一语境下，文化堪称神圣，它那"和谐的完美"（Arnold，1868）反衬了当代生活的荒芜。

另一条路则是奔向未来。前方是社会主义乌托邦，劳动与休闲将融为一体，愿意走这条路的人更少些。这种复古与革新并存的传统衍生出了文化的两大基本定义，尽管未必与上述两条轨迹完全对应。第一种定义总体经典而保守，应当也是读者最为熟悉的一种。它将文化视为卓越审美的标准，即"世间最卓越的思想与言论"（Arnold，1868），源自对"经典"美学形式（歌剧、芭蕾、戏剧、文学、艺术）的鉴

---

[1] 雷蒙德·威廉斯（Raymond Henry Williams，1921—1988）：文化研究奠基人之一，出身工人家庭，是英国左派知识分子阵营的中坚人物，一生著述颇丰，代表作有《文化与社会》《漫长的革命》《关键词》等。曾在《文化分析》（"The Analysis of Culture"）一文中提出三种文化类型：理想型、文本记录型与生活方式型，此处介绍的威廉斯文化定义即为第三种。

赏。第二种定义植根于人类学，威廉斯将文化追溯到赫尔德[1]与18世纪。"文化"指一种

> ……特定的生活方式。文化的意义与价值不仅蕴含在艺术与研习中，而且体现在制度与日常行为当中。从这一定义出发分析文化，相当于界定某种特定生活方式、特定文化中显露出的或隐藏的意义与价值。（Williams，1965）

这一定义显然更为宽泛，借用艾略特的话，它包含：

> ……一个民族所有有特色的活动与爱好，好比：德比日、亨利帆船赛、考斯帆船周、野禽狩猎日、足总杯决赛、赛狗、弹子球机、镖靶、温斯利代尔奶酪、煮白菜切段、醋泡甜菜、19世纪的哥特式教堂、埃尔加的乐曲……[2]（Eliot，1948）

---

[1] 约翰·赫尔德（Johann Herder，1744—1803）：德国哲学家、神学家、诗人，被视为浪漫主义的先驱。赫尔德认为人们都有自己的归属群体，隶属于同一群体的人会拥有相似的存在状态。

[2] 德比日（Derby Day）为英国传统赛马日，始自德比伯爵；亨利帆船赛（Henley Regatta）是每年7月初在泰晤士河畔亨利镇举办的划船活动；考斯帆船赛（Cowers）为每年8月在怀特岛和英格兰南海岸之间的索伦特海峡举办的帆船比赛；野禽狩猎日即每年8月12日，根据18世纪《狩猎法》中的禁猎期，这是第一天开放狩猎；足总杯决赛（a cup final）始于1863年，是世界上历史最悠久的足球比赛；爱德华·威廉·埃尔加（Edward William Elgar，1857—1934）为英国作曲家，代表作有《威风堂堂进行曲》。

威廉斯还指出，这样的定义只有在理论革新后才能站稳脚跟。当前的文化理论需"研究整体生活方式中各要素之间的关系"，更侧重历史性的而非永恒不变的标准，关注转变而非定型：

> ……（文化分析）应着重研究特定的意义与价值，它无意比较各种意义与价值以建立一个标准，而旨在探究它们的变迁模式，以便揭示某些一般规律或"趋势"，进而更全面地把握社会与文化的发展。（Williams，1965）

可见，威廉斯就文化与社会的关系提出了一个更宽泛的论述，即通过分析"特定的意义与价值"，以揭露隐蔽的历史基本法则，总结"日常生活"直白表象之下的"一般规律"与社会总体"趋势"。

文化研究在专业开设之初就在上述两个对立定义间摇摆：文化到底是卓越的标准，还是"完整的生活方式"？人们难以抉择哪条路径更值得深入探索。理查德·霍加特[1]和雷蒙德·威廉斯追忆了他们做学术以前的童年生活，带有同理心地描述了工人文化（霍加特的家乡是利

---

[1] 理查德·霍加特（Richard Hoggart，1918—2014）：文化研究奠基人之一，著有《识字的用途》，与威廉斯一起开创了文化主义传统。

兹；威廉斯则来自威尔士的一个采矿村）。不过，二人在作品中明显推崇文学与识文断字[1]，同时表达出了强烈的道德取向。霍加特分析传统工人阶级社区后发现，它虽身处贫瘠之地，价值观却久经考验，而现在它已被一个"糖果世界"腐蚀，里面全是新鲜的刺激和不免平淡乏味且道德败坏的廉价小说。霍加特为此痛惜不已。至于威廉斯，他姑且认可了新式大众传播，但还是心系审美与道德标准，想以此区分有价值的文化产品与"垃圾"。例如，爵士乐是"真正的音乐形式"，足球是"精彩的比赛"，不能与"虐恋小说、周日连环画[1]和最新的嘈杂口水歌（Tin Pan drool）"混为一谈（Williams，1965）。1966年，霍加特提出了文化研究的基本前提：

> 首先，若不鉴赏优质文学作品便无法真正洞察社会的本质；其次，文学批评不仅限于"学术上值得尊敬"的文学作品，也可以针对特定的社会现象（例如，通俗艺术、大众传播），文学批评可以阐明它们对个人与社会的意义。（Hoggart，1966）

霍加特言下之意是我们仍要用文学的敏感来"阅读"

---

[1]　多数西方报纸上都有连环画栏目，基本为彩色漫画。

社会，体察其中的微妙之处，两种文化观念最终可以达到统合。这种看似矛盾的统合观念也启发了法国作家罗兰·巴特的早期研究，只不过巴特是从符号学——一种解读符号的方法——出发进行的论证（Hawkes，1977）。

巴特：神话与符号

巴特继承了瑞士语言学家费尔迪南·德·索绪尔[2]的模式，试图利用它揭露文化现象的任意性，揭示日常生活里乍看起来"全然自然"的目的与意图的潜在意义。巴特与霍加特不同，他不关心如何分辨现代大众文化的良莠，而是想指明，当代资本主义社会中所有看似自发的形式与仪式其实都遭到了系统性的歪曲，它们随时都有可能被去历史化、"自然化"，进而变成神话（myth）：

> 整个法国都沉浸在这种无名的意识形态中：我们的新闻、电影、戏剧、低俗小说、仪式、司法、外交，我们交谈或讨论天气，我们审判谋杀案或举办感人婚礼，我们渴望品尝的菜肴或穿的衣服——日常生活的一切，都由资产阶级所带有并迫使我们也要接受的人与世界关系的表征（representation）而定。（Barthes，1972）

与艾略特相似，巴特的文化概念也跳出图书馆、歌剧院与剧院的限制，涵盖了整个日常生活。不过巴特认为，在日常生活之上还有一层更隐蔽也更系统化的意义。巴特从"神话是某种言语"的前提出发，在《神话学》中开始研究一套往往隐而不见的规则、符码（code）与惯例，特定社会群体（即掌权者）的特定意义经这些规则、符码与惯例转变为普遍价值，并"加诸"整个社会。巴特在摔跤比赛、度假的作家、旅游指南[1]等各类现象中发现了同一种人为的自然，以及同一种意识形态核心。这些现象暴露在同一种流行修辞（常识的修辞）里，成为神话，也成为"二级符号系统"中的一个基本元素[2]。（巴特以《巴黎竞赛》[3]的一张照片为例，照片中一名黑人士兵朝法国国旗敬礼，该照片具有一级含义与二级含义：一级含义是忠诚的身姿；二级含义是"法国是一个伟大的帝国，所有子民不分肤色都竭诚忠于它的旗下"。）

巴特将植根于语言学的方法拓展到语言之外的话语系

[1] 这些都是《神话学》当中的篇目，分别对应《摔跤》《度假的作家》和《蓝色旅行指南》。

[2] 巴特区分了第一级符号系统与第二级符号系统。一级符号系统是索绪尔语言学意义上的符号系统，即能指与所指，两者结合形成符号；一级系统的符号又构成二级系统的能指，且有一个新的所指，二级系统的能指与所指结合形成二级系统的符号，即神话，因而二级系统即神话系统。巴特将一级系统的符号称作意义（meaning）；当它作为二级系统的能指时，巴特称其为形式（form），二级系统的符号被巴特称作意指（signification）。

[3] 法国著名时政类新闻周刊，以具有冲击力的照片为亮点。

统（例如时尚、电影、饮食等），开辟了当代文化研究的全新领域。这类符号学分析有望找到并撬开语言、经验与现实之间的无形缝隙：异化的知识分子与"真实"世界之间的鸿沟从而具有了意义，并被奇迹般地弥合。除此之外，在巴特的引领之下，符号学完全可以调和文化研究的两个对立定义，将道德信念（在巴特这里是马克思主义）与流行议题（研究社会的整体生活方式）相结合。

但将符号学纳入文化研究并非易事。尽管巴特也像霍加特、威廉斯那样关注文学，但他在作品中引介了马克思主义式的新"问题域"（problematic[1]）³，这一"问题域"与英国充满关切且尚未理论化的"社会评论"传统格格不入。如此一来，传统论辩的局限性突然显露，汤普森[2]曾说，它似乎只反映了一群"业余绅士"的狭隘兴趣。汤普森试图用更严格的马克思主义表述取代威廉斯的文化理论定义：文化研究不仅是对"整体生活方式中各要素之间的关系"的研究，更是对"整体冲突方式中（各要素之间的）关系"的研究。因此，文化研究需要一个更具分析性的框架，也需要一套新词汇。在文化研究理论化的过程

---

[1] 对于"problematic"，顾良在《保卫马克思》中将其译作"总问题"，田延在《导读阿尔杜塞》当中将其译作"难题性"，本处为了强调"内部统一的问题体系"之意，译作"问题域"。

[2] 爱德华·帕尔默·汤普森（E. P. Thompson，1924—1993）：英国历史学家、文化研究学者，著有《英国工人阶级的形成》。

中，"意识形态"一词的含义也拓展了。前文说道，巴特发现一种"无名的意识形态"已经渗透到社会生活的各个角落，在最平凡的仪式里留下烙印，又制定了最随意的社会接触的规则。但意识形态如何保持"无名"？为什么它在各个领域都很重要？在尝试解读亚文化风格之前，我们必须更精准地定义"意识形态"这一术语。

意识形态：我们赖以生存的关系

马克思在《德意志意识形态》中指明，资本主义经济结构的基础是剩余价值。戈德利耶巧妙地将其定义为"无偿劳动产生的……利润"（Godelier, 1970）——剩余价值隐而不见，生产者无法感知到它的存在。人们难以透过表象洞察真实关系，但这并非因为个人、社会群体或制度有意掩盖真实关系。相反，根据定义，意识形态其实于潜意识层面萌发生长。恰恰在"典型常识"层面，意识形态参考系才根深蒂固而卓有成效，因为正是在这一层面，意识形态性被最彻底地掩盖。如斯图亚特·霍尔[1]所说：

> 正因常识具"自发"性，它透明、"自然"，拒绝

---

[1] 斯图亚特·霍尔（Stuart Hall, 1932—2014）：英国文化研究学者，曾就文化与结构之争发表评论，发展编码–解码理论，著有《通过仪式抵抗》《表征》等。

审查自身成立的前提，抵制变化，抗拒指正，并被人们不假思索地认同，又能完美地自圆其说，常识才得以同时是"自发的"，又是意识形态性且无意识的。你无法借助常识看清事物的本质，而只能发现事物自何处融入既定框架。正因如此，常识才得以成为一种特殊的介质，其前提假设因透明外表而遁于无形。（Hall，1977）

由于意识形态已经以常识形态浸入日常话语，我们已经无法将其视作可以从日常生活中剥离出的一套独立的"政治观点"或"偏见"了。也不可将它简化至"世界观"这一抽象维度，或粗略地概之以马克思主义意义的"虚假意识"。相反，路易斯·阿尔都塞写道：

……意识形态与"意识"关系不大……它是一种深刻的无意识……意识形态的确是一个表述体系，但在大多数情况下，这些表述与"意识"毫无关系。它们一般是形象，偶尔才是概念，但它们首先是绕过"意识"而强加于人的结构。它们是人们感知、接受、忍受的文化客体。它们作用于人，但人们对此毫无知觉。（Althusser，1969）

尽管阿尔都塞所说的结构是指家庭、文化与政治等机构，但我们用物质结构就能简单说明他的观点。例如，大多数现代教育机构的建筑材料（红砖、白瓦等）看似中立，其实都暗含了意识形态假设。毫不夸张地说，这些假设已经融入建筑之中。院系系统给不同学科安排不同的教学楼，文科与理科的知识划分由此被再生产，而大多数学院也会给每个系科安排单独的楼层，以便维持传统的系科分类。除此以外，教师与学生的等级关系也烙印在讲堂的布局中：讲台被垫高，阶梯式长椅在讲台前方层层叠升。就这样，信息从教授流向学生，教授的权威也得以"自然化"。可见，在个别的课程内容确定之前，一整套关于教育的可能性的前提就已经被无意识地确定。

这些决策不仅限定了教学内容，也制约了教学方式。在学校中，建筑以具象的形体如实再生产出"何为教育"的普遍（意识形态）观念。教育结构本来完全可以被改变，现在却变得不容置疑，似乎成了一个"给定的"（即不可改变的）存在。在这种情况下，我们的思维框架其实已经成了既成的砖块与砂浆。

社会关系与社会进程必然要经过某一特定的表征形式，才能传达给人们。但如我们所见，这些表征绝非透明，它们被一层"常识"所笼罩，因"常识"而显得可靠且神秘。符号学所要做的正是"审问"并破译这些被"感知、接受、忍受的文化客体"。文化的各种层面都具有符号学价值，哪怕最自然的现象也是符号：它们是交流系统的构成要素，受语义规则和符码所支配，但我们无法在经验中直接领悟这些规则与符码。可见，符号和生产它的社会关系一样不透明，同时又再现了这些晦暗的社会关系。换言之，每个符号都有其意识形态的一面：

> 符号不只是现实的一部分，它还反映、折射出另一种现实。因此它既可以扭曲那个现实，也可以如实反映它，还可以从某个特殊角度感知它，不一而足。一切符号均服从于意识形态评价标准……意识形态与符号严丝合缝，彼此等同。哪里有符号，哪里就有意识形态。凡是具有意识形态性的东西都值得做符号学研究。（Volosinov，1973）

要想揭示符号的意识形态性，必须先设法破译组织意义的符码（code），其中"语义"符码（connotative code）尤为重要。斯图亚特·霍尔曾说过，"符码……覆盖了社会生活的方方面面。有了符码，社会生活才可分类、可理解、有意义"（Hall，1977）。接着，他说这些符码是"意义的地图"（maps of meaning），必定历经筛选。符码影响着一系列潜在意义，它规定哪些意义可供诉诸，哪些意义被排除在外。我们常常生活在这些意义地图中，却以为自己活在"真实"世界：我们如何"思考"它们，它们就如何"思考"我们，一切都是这样自然而然。任何人类社会都在这种"自然化"过程中再生产自身。借由自然化的过程（它是所有社会生活中不可避免的本能行为），特殊的社会关系组合和特定的世界组织方式才在我们眼中显得普遍而永恒。阿尔都塞（1971）说"意识形态没有历史"，其实表达的就是这个意思。与此同时，这种一般性意识形态将永远是"一切社会构型的基本要素"（Althusser and Balibar，1968）。

但我们这类高度复杂的社会必须依赖精细的分工（即专业化）系统才能顺利运作，因此关键问题是：在特殊时刻与特定情况下，哪些独特的意识形态能占据上风？它们具体代表哪些群体和阶级的利益？为此，我们首先要考虑权力在社会中的分配情况，即我们要问：不同群体与阶级在定义、排序、分类社会世界时分别掌握多大的发言权？如果我们稍做思考，便会发现在这个社会中，显然不是所有阶层的人都能轻易掌握思想的传播渠道（主要指大众传媒），总有一些人更有发言权，更有机会制定规则和组织意义；而另一些人则处在不太有利的地位，他们无权定义世界，也无法将他们的定义加于他人。

因此，当我们透过"一般性意识形态"探究具体意识形态的运作方式，并好奇为何其中一些意识形态占据了支配地位，而另一些却始终处于边缘时，我们会发现，即便在先进的民主国家中，意识形态也绝非中立。回想霍尔提到的"语义"符码，我们可以看到这些"意义地图"具有潜在的颠覆性意义，因为它们依照描述现实的主导话语，即主导意识形态，被反复描绘，也就代表了社会统治群体的利益，但又模糊不清且自相矛盾。

我们可以参考马克思的论述来理解这一点：

> 统治阶级的思想在每一时代都是占统治地位的思想。这就是说，一个阶级是社会上占统治地位的物质力量，同时也是社会上占统治地位的精神力量。支配着物质生产资料的阶级，同时也支配着精神生产资料，因此，那些无法获得精神生产资料的人的思想一般便受制于这一阶级。占统治地位的思想不过是占统治地位的物质关系在观念上的表现；因而，也就是使某一个阶级成为统治阶级的关系在观念上的表现，因此也就是这个阶级的统治思想。（Marx and Engels，1970）

安东尼奥·葛兰西基于此发展出了霸权（hegemony）理论，极充分地阐明了在发达资本主义社会当中，统治集团如何维持其统治地位。

霸权：动态的平衡

> "一旦社会撕裂，各阶级交战，人们就无法共享同一种交流系统。"
>
> —— 贝尔托·布莱希特 [1]，《戏剧小工具篇》

"霸权"一词指特定社会群体之间的临时联盟可对其他从属群体施加"全方位的社会权威"，但单纯胁迫后者或直接对其强加统治思想无法达到这一效果，相反，必须"赢得并塑造认同，让支配阶级的权力看起来既合法又自然"（Hall，1977）。只要统治阶级"成功将所有竞争性定义框定在自己的势力范围内"，他们就能一直维持霸权，如此一来，从属群体即使不被控制，也身处意识形态空间之中，而这个空间看起来却完全不具"意识形态性"，它反倒显得恒久、自然，超出历史范围，也超越特殊利益（参见 *Social Trends*，1975 年第 6 期）。

巴特认为，这便是"神话"实现其自然化和正常化等重要功能的方式。在《神话学》中，巴特强有力地证明

---

[1] 贝尔托·布莱希特（Bertolt Brecht，1898—1956）：德国戏剧家、诗人。

了，被正常化了的意义与形式早已无处不在。不过葛兰西为其补充了重要的附加条件：正由于霸权需要大多数被支配者的认同，单一"阶级"联盟才不可能永远独占霸权。如前文所述，"霸权……不是普世的，也不是'被赋予'某一特定阶层的永久统治权。霸权需要赢取，需要再生产，需要被维持。葛兰西说过，霸权是一种'动态的平衡'，包含了各种力量关系，它们有的支持（或损害）这一方，有的支持（或损害）那一方"（Hall et al., 1976a）。

同理，形式也无法被永久地正常化。它始终可以被解构，总有巴特这样的"神话学家"将其去神秘化。除此以外，商品可以在日常生活中被最初生产它们的群体象征性地"重新占有"，被赋予隐含的反抗性意义。因此，意识形态与社会秩序、生产与再生产之间的共生关系既不稳固，也无保障。关系可被撬动；共识可被打破，被挑战，被推翻；对支配群体的反抗力量并不总能被轻易地化解，或是自动收编（incorporated）。尽管列斐伏尔[1]写道，我们生活在一个"实践物（objects in practice）转变为符号与符号物（signs objects）、第二自然取代第一自然（最初可以感知现实的层面）"的社会，但他接下去又论述说，在符号与物之间，以及生产与再生产之间，"总会有反抗

---

[1] 列斐伏尔（Henri Lefebvre，1901—1991）：法国马克思主义哲学家与社会学家，开创了对日常生活的批判，在空间理论方面也颇有建树，著有《空间的生产》。

与矛盾，阻碍这一回路的闭合"。

现在，我们可以回过头来看青年亚文化的意义。青年亚文化群体以一种奇观式的方式宣告战后共识已然瓦解。我们将在后续章节中看到，列斐伏尔所说的反抗与矛盾正是在亚文化中找到了出口。但亚文化并没有直接挑战霸权，反倒通过风格隐晦地进行反抗。通过极其浅表的打扮，也就是符号层面，他们表达反对、呈现矛盾（我们会看到，矛盾由此被"神奇地消解"）。因为符号共同体，或者说神话消费者共同体，并非一个统一的整体。如沃洛西诺娃[1]所写，它被阶级所割裂：

> 阶级与符号共同体（同一套意识形态交流符号的全体使用者）不是一回事。因此不同阶级的人会使用同一种语言；每个意识形态符号里，不同阶级的口音此起彼伏。符号成了阶级斗争的舞台。（Voloshinov，1973）

因此，意识形态领域的不同话语、不同定义与含义都在争夺意义，也就是争夺对符号的占有权，这种斗争甚至延伸到了日常生活最不起眼的角落。回想导论提到的安全别针与凡士林管，我们发现这些商品确实可以双向变调，

---

[1]　瓦连京·沃洛西诺娃（Valentin Voloshinov，1895—1936）：苏俄语言学家，在文学理论与马克思主义意识形态理论方面很有影响。

它们兼具"非法"与"合法"的用途。这些"卑贱的玩意儿"可以被神奇地挪用，被从属群体"偷走"，并被赋予"秘密"的意义。这些意义以符码的形式反抗那确保从属群体始终处于从属地位的秩序。

可见，亚文化的风格富含意义。它对文化形式的改造"反抗自然"，打断了"正常化"进程。因此，它们是一种姿态，一种冒犯"沉默的大多数"的言论运动。它们挑战统一与团结的原则，违抗共识神话。我们身负巴特的任务，要去破译风格那光鲜外表下的符码秘文，画出"意义地图"的轮廓，因为它们必定隐晦地再现了其意欲解决或掩盖的矛盾。

践行符号学方法的学者挖掘日常生活表象的深层内涵，他们并非孤军奋战。奇观式亚文化群体的存在使得日常表象不断被剖开，方便其他潜在的颠覆性解读展开。让·热内便是典型的"反常"越轨者，他再次证明人们可以借助风格抵抗权威。与罗兰·巴特一样，他以自己的方式坚信文化符号所有的意识形态特性。他也同样受到形式与意义合二为一的网络的压迫，这一网络包围他却也排斥他。他的解读和巴特一样是片面的。热内列出自己关注的事情并得出自己的结论：

在这栋坚不可摧的大厦前，我深感震惊，它的每一寸细节都与我为敌。世上没有毫无联系的事物：将军衣袖上的星星、股票市场的报价、橄榄树的收成、司法部门的行事风格、小麦的交易情况、花圃……无一例外。这一秩序……所传达的意义在于：放逐我。（Genet，1967）

泰迪男孩、摩登族、朋克，以及那些未来必然会出现只是当前尚难想象的"越轨"群体，正因为远离了具欺骗性的"纯真"外表，才有冲劲摆脱人的第二天性——"假天性"（Barthes，1972），转而学到一种真正的表达策略，创造出名副其实的地下风格。这些运动是对社会秩序的象征性反叛，因而叫人着迷，以后也会一直如此，当然它也将不断惹人非议，持续作为亚文化意义的基本载体（后文将会说明）。

没有哪种亚文化比朋克更坚定地要从理所当然的常态化形式中抽身，也没有哪一种亚文化像朋克那样引发了前所未有的激烈谴责。因此，我们将以朋克时代开启本书，并在后续论述中不断重提朋克时代。既然朋克无所顾忌地自认无知，亵渎权威到了令人震惊的地步，我们理应用它试炼几种符号"解读"法的效力，毕竟它们是从几个世纪以来有关文化神圣性的论辩中发展起来的。

Part One

案例研究

第二章

1989 年 4 月 3 日，马拉喀什

所谓时尚，就是穿上价值不菲、量身定做的破烂衣衫；就是"皇后"们扮成野小子花枝招展。包厘街套装乍看起来像沾上了尿渍与呕吐物，定睛一瞧，原来是金线细绣的繁复纹样。最上乘的亚麻布织成的流浪汉行头，破破烂烂的绅士西服……老瘾君子戴过的毡帽……皮条客穿过的花里胡哨的廉价衣服竟然不是一文不值，斑斓的色彩居然达成了一种微妙的和谐——只在最好的穷小子三明治[1]店里才有。路人见到此情此景，一般得反应一会儿才恍然大悟，甚至得多看好几眼才能明白。

——威廉·巴勒斯（1969）

---

[1] Poor Boy：一种配有炸虾、炸牡蛎或烤牛肉、生菜、番茄和蛋黄酱的三明治，始于 20 世纪 30 年代的有轨电车罢工运动。当时本尼·马丁和克洛维斯·马丁的咖啡馆打出口号，凡是罢工者都可以来店里免费吃一个三明治，遂有了"穷小子"三明治的说法。穷小子三明治颜色鲜艳，在这里比喻花哨衣服。

第一节　阳光假日：罗滕先生^[1]声名大噪

1976年夏天，英国出奇地炎热干燥，这样的天气史无前例。5月到8月，明媚的晴空下，躲不开的废气烟雾里，伦敦土地焦干，人们酷热难耐。一开始，报纸和电视大唱赞歌，说阳光是上天的恩惠，是滋补国家的"奎宁水"。（英国的"诅咒"终于被打破了吗？）一整个冬天，小报头版上一度全是预言不幸将至的新闻报题，令人沮丧，而太阳终于带来了季节性的慰藉。大自然发挥了它法定的意识形态功能，盖过其他一切坏消息，人们找到了依据认为情况有所改善，把罢工和纷争推到一旁不予理会。不出所料，电视节目《十点新闻》的最后一则令人振奋的信息里，"妖艳的青少年"^[2]们频频现身，他们套着哈伦裤与沙滩裤，穿着比基尼上衣，戴着太阳镜，在牛津街轻快疾走。他们沐浴在阳光里，如今只剩下阳光还能鼓舞人心。太阳如同危机之后"恬不知耻"的后记：一篇充满热带风情的轻快附录，像在说危机也可以放假。然而，日子一天

---

[1]　指英国著名朋克摇滚乐队性手枪（Sex Pistol）的主唱约翰尼·罗滕（Johnny Rotten）。

[2]　Bright young things，又作bright young people，最初指20世纪20年代伦敦上层社会中出现的一群社会名流。他们欣赏艺术，穿着华丽奇异，频频出入舞会派对，但内心充满忧郁与绝望。当时的报纸将其生活称为高级波希米亚风。伊夫林·沃（Evelyn Waugh）曾以他们为原型创作小说《邪恶的肉身》，后被改编为电影《光彩年华》。

天过去，热浪还在持续，先前那套有关厄运与灾难的神话再度占了上风，而且势头更加猛烈。很快，"奇迹"变为平常，融入日常生活。7月中旬的一个早晨，人们突然改口说这不是"奇迹"，而是一种"诡异的失调"：是大英帝国衰落的最后一个可怕而未曾意料的因素。

8月，政府宣布这波热浪是场旱灾。供水限量，庄稼歉收，海德公园的草地在灼晒下显出淡淡的黄赭色。末日将至，媒体上开始反复出现审判日的意象。人们无所顾忌地把经济、文化和自然现象混在一起讨论，程度甚于往日，到最后旱灾几乎有了形而上的意义。政府任命了一位专职部长负责抗旱，自然现象正式成为"反常现象"，于是先前的推断必须带点讽刺意味，以免不合常识。8月底，最坏的预感成真了，两桩神话意味着完全不同的事情一起发生：过高的气温威胁着本国房屋的结构（地基正在开裂），传统上堪称种族和谐典范的诺丁山狂欢节[1]发生了暴动。

这场加勒比庆典，本应荡漾着欢快明丽的卡利普索[2]音乐，人们一身异域装扮，有色人种愉快地跳舞；然而一

---

[1]　伦敦著名的大型嘉年华，每年8月底进行，最初是为了抗议诺丁山地区针对黑人的暴力事件。诺丁山狂欢节以加勒比地区与非洲地区文化为主题，呼吁种族平等与世界和平。

[2]　卡利普索（Calypsos）：一种非洲－加勒比音乐风格，发源于特立尼达和多巴哥，节奏感强，采用和声唱法，在政治表达方面发挥了重要作用。

眨眼，欢庆莫名成了一场危险集会，愤怒的黑人青年惹来警察严阵以待。英国年轻黑人们成群结队，像索韦托的黑人们[1]那样锐气逼人，全国电视节目都在转播他们，观众由此联想到另一幅惊悚画面：另一个大陆上也是这样"漫长而炎热的夏天"；别的国家也爆发了这样的冲突；其他地方的黑人也像这样群情激愤。简陋的垃圾桶盖本是钢鼓乐队的主要乐器[2]，象征着"狂欢节精神"、黑人的聪明才智与贫民区文化的韧性，可一旦白人警察拿它们当作救命盾牌，抵御愤怒的砖林砾雨，垃圾桶盖的意义就彻底转变，带上了更加不祥的意味。

正是在这个奇异的末日之夏，朋克摇滚轰轰烈烈地亮相音乐媒体 1。在伦敦，特别是西南部国王大道附近，一种新的音乐风格日渐成形，它从所有异质的青年文化中提取元素，并把它们融合在一起。事实上，朋克没有确切的起源。大卫·鲍伊与华丽摇滚，美国的前朋克[3]（雷蒙斯乐队、心碎者乐团、伊基·波普、理查德·赫尔 [Richard Hell]），20 世纪 60 年代摩登族亚文化影响下的伦敦酒

---

[1] 指 1976 年 6 月 16 日的南非索韦托事件。当时南非种族隔离愈演愈烈，索韦托强制推行荷兰语教育，当地学生游行反对这一政策，警察开枪射击，年仅 13 岁的黑人孩子皮特森遭到枪击身亡。

[2] 由钢鼓和钢盘组成的乐队称"钢鼓乐队"，其中钢鼓由 55 加仑汽油桶制作而成。

[3] 前朋克（proto-punk）：一般泛指朋克风格正式形成以前对其产生重要影响的音乐流派与音乐人，这里指的是美国的车库摇滚风格。

吧摇滚一派（101 人乐队 [the 101'ers]，大猩猩乐队 [the Gorillas] 等），肯维岛 20 世纪 40 年代的复兴与绍森德的节奏布鲁斯音乐（兴奋剂乐队 [Dr Feelgood]，卢·刘易斯等）[1]，北方灵魂乐，以及雷鬼乐相交织，共同滋养了朋克。

自然，最后的混合体难免有些不稳定，这些元素始终都有可能脱离出去重归源头：华丽摇滚给朋克增添了自恋、虚无主义与性别混乱色彩；美国朋克提供了极简主义美学——例如雷蒙斯乐队的《笨蛋》（"Pinhead"）或罪恶乐队的《我好蠢》（"I Stupid"），街头狂热和自残嗜好；北方灵魂乐（一种年轻工人阶级间名副其实的秘密亚文化，致力于杂技舞蹈与 20 世纪 60 年代的快节奏美国灵魂乐，以维根赌场等俱乐部为中心）把地下音乐的传统带入朋克，包括快速急促的节奏、独舞风格与安非他命；而雷鬼乐则给朋克摇滚笼罩上一层散发异域情调、彰显禁忌身份的危险光晕，它的良知、惊惧与酷劲也注入朋克；本土的节奏布鲁斯使北方灵魂乐的节奏更快，更显粗犷，极具选择性地挪用了早期摇滚乐遗产，摇滚得以回归本色，发展出高度成熟的偶像破坏主义和英国特色。

这多种音乐传统表面互不相容，却在地下朋克中神奇

---

[1]　兴奋剂乐队的主要成员都来自英国泰晤士河口的肯维岛；卢·刘易斯同样来自肯维岛，他是一名口琴演奏家与歌手。

地联手，乐手们都打扮得不拘一格，在视觉上也成功再现了某种杂音效果。一整套行头的各件单品被安全别针"安全地别在一起"，造就了盛名在外且相当上镜的朋克现象。不出所料，1977 年，朋克现象为各路小报提供了轰动一时的素材，同时，也因精心破坏了社会符码，登上严肃大报和高级期刊。朋克用"切割重组"（cut up）的形式回顾了战后工人阶级青年文化的整体服装史，把年代完全不同的服装元素组合在一起。飞机头与皮夹克，麂皮厚底鞋[1]与尖头鞋，橡胶底帆布鞋[2]与轻型雨衣（paka macs），摩登族的短发与光头党的背带裤，紧身裤与亮色袜子，伊顿公学服[3]与重型钢靴[4]，这些乱糟糟的物件之所以能"各得其所"而又"不合时宜"，全靠夸张的黏合剂——安全别针与塑料衣钉，以及可怕且迷人的缚带与绳索。朋克风格是战后所有主要亚文化的扭曲映射，因而尤其适合作为研究战后亚文化的起点。不过，我们必须先理出这些亚文化的先后顺序，才能阐释它们的意义。

---

[1] 麂皮厚底鞋（brothel creepers）：原文直译为"妓院爬行者"，指"二战"时期的麂皮靴，厚底，在北非沙漠战场中比较耐磨。战后有军人穿着厚底麂皮靴出入伦敦的声色场所，所以被人们戏称为"妓院爬行者"。

[2] 橡胶底帆布鞋（plimsoll）：最初是航海术语，即"吃水线"。水一旦没过橡胶底，帆布鞋就会湿，所以"plimsoll"后来代指橡胶底帆布鞋的鞋底高度。

[3] 伊顿公学服（bum freezers）：英国俚语。最早指伊顿公学的着装，即及腰、V 领、开襟。后泛指短夹克。

[4] 重型钢靴（bovver boots）：一种重型长筒靴，材质坚硬。"bovver"是俚语，指"麻烦"，后来 60 年代光头党和流氓穿这种靴子斗殴，"bovver"也有了"街头打群架"的含义。

第二节　巴比伦的无聊日常

日常生活无聊透顶，我一逮着机会就想逃。

——史蒂夫·琼斯，性手枪乐队吉他手，

《旋律制作者》[1]

朋克这个"反常"的融合体似乎就该赶上这诡谲的夏天，在伦敦街头一炮而红。当时正值天启说流行，朋克的修辞也全是天启论调，老一套危机与突变的意象。事实上，就连朋克的神显也糅杂着不同传统，在朋克这里，雷鬼与摇滚两种迥异的语言别扭而不安分地交汇了。顶着鸡窝头的朋克青年渐渐聚在国王路的一角，混迹在那家名为"性"的时装店[2]，这个街区有个十分贴切的名字——"世界尽头"；大卫·鲍伊的《钻石狗》（"Diamond Dog"）风靡一时；"究极变异形态的类人"（super-alienated humanoid）大受欢迎，并不知怎的撞上了雷鬼的"审判日"，与雷鬼乐推翻"巴比伦"和终结异化的理想不谋而合。

这便是朋克独有的第一个矛盾性：虽然它表面上融合

---

[1] 《旋律制作者》（*Melody Maker*）：世界上最早发行的音乐周刊，涉猎另类音乐、摇滚、独立音乐。

[2] "西太后"薇薇安·韦斯特伍德（Vivienne Westwood）与后来性手枪乐队经纪人马尔科姆·麦克拉伦（Malcolm McLaren）合开的时装店，位于国王路 430 号。

了各种末日启示，但这些启示在源头上却是相互对立的。大卫·鲍伊和纽约的朋克乐队从诸多公认的"艺术"流派（例如先锋文学派和地下电影）中汲取资源，发展出一种有意亵神的终极美学。美国朋克、前艺术系学生帕蒂·史密斯[1]声称自己开创了一种新型诗歌流派——"摇滚诗歌"，她在表演中朗诵兰波与威廉·巴勒斯的诗歌。鲍伊也受巴勒斯影响，借鉴他著名的将随机并置的片段切割重组的写作技巧，来"创作"歌词。理查德·赫尔借鉴了洛特雷阿蒙[2]和于斯曼[3]的著作。至于英国朋克乐队，成员则一般是更年轻、更具阶级意识的无产阶级，很多人对文学一无所知，但不管怎样，文学传统也牢牢嵌入了英国的朋克美学之中，尽管不太明显。受美国的安迪·沃霍尔和韦恩·康提[4]，以及英国艺术学校的校园乐队（例如谁人乐队和冲撞乐队[5]）的影响，英国朋克音乐也与地下电影和前卫艺术建立了联系。

---

[1] 帕蒂·史密斯（Patti Smith，1946— ）：美国词曲作者、诗人，被誉为"朋克摇滚桂冠诗人"与"朋克教母"。

[2] 洛特雷阿蒙（Comte de Lautréamont，1846—1870）：法国诗人，原名伊齐多尔·吕西安·迪卡斯（Isidore Lucien Ducasse），著有《马尔多罗之歌》等。

[3] 于斯曼（Joris-Karl Huysmans，1848—1907）：法国作家，前期拥护自然主义，之后转向象征主义，著有《逆流》等。

[4] 韦恩·康提（Wayne County，1947— ）：美国歌手、作曲家、演员和唱片制作人，韦恩·康提和电椅乐队（Wayne County & Electric Chairs）的主唱，摇滚界第一位公开变性身份的歌手，变性后更名为杰恩·康提（Jayne County）。

[5] 谁人乐队（The Who）：1964年成立的英国摇滚乐队，其现场演出尤被推崇。冲撞乐队（The Clash）：1976年成立的英国朋克乐队，是最初掀起朋克摇滚浪潮的乐队之一。

到了 20 世纪 70 年代初，这些趋势逐渐发展成熟，汇成一股虚无主义美学。在对摇滚文化感兴趣的人群中，这种美学连同其特有的关注焦点（多样且故意反传统的性行为、极端个人主义、破碎的自我意识，等等）引发了诸多争议（参见 Melly，1972；Taylor and Wall，1976）。从电影《迷幻演出》中的米克·贾格尔[1]到"瘦白公爵"鲍伊，"沉醉在自己的歌剧中的"花花公子的形象在摇滚乐中挥之不去，用伊恩·泰勒[2]和戴夫·沃尔[3]的话来说，（摇滚乐）是青年异化的反噬过程，朋克乐则是这种反噬的最新阶段。异化几乎成为朋克肉眼可见的特性，仿佛可以被握在手中。在相机面前，朋克是"空无"，他们面无表情（任何朋克团体的照片都是如此），一言不发，也拒绝摆造型。朋克的唯我论、神经官能症和扮装癖都源于摇滚乐。

但几乎在摇滚乐的每次转向中，亵神美学都会遭到另一种音乐形式的义愤抵制，这种音乐形式便是雷鬼乐。雷鬼乐是朋克多样影响来源的另一极。早在 1977 年，"性与反叛者"时装店的知名朋克店员乔丹就在当年 5 月 7 日

---

[1] 米克·贾格尔（Mick Jagger，1943— ）：英国摇滚乐手，滚石乐团创始成员之一，1962 年开始担任乐团主唱至今，也曾作为演员、制片人和作曲人参与多部电影的制作。

[2] 伊恩·泰勒（Ian Taylor，1944—2001）：英国社会学家，主要研究越轨社会学与犯罪社会学，也是一名积极的社会主义者，曾参与过反种族主义运动。

[3] 戴夫·沃尔（Dave Wall，1941— ）：美国教育学家，一度从事阿巴拉契亚研究和社会运动研究。

的《新音乐快递》[1]上明确表态：比起"新浪潮"，自己更爱雷鬼乐，"只有这一种音乐响起的时候，我们（即乔丹与约翰尼·罗滕）会跟着跳舞"。虽然罗滕一直说朋克和雷鬼是两种相对独立的音乐类型，但在 1977 年的一系列采访中他却对艰涩的雷鬼乐如数家珍。在朋克团体中，冲撞乐队最明显受到雷鬼的影响，他们不仅汲取了雷鬼音乐资源，还借鉴了牙买加黑人街头风格的视觉符号。很多团员在不同时期会穿上印着加勒比的"DUB"和"HEAVY MANNERS"[2]字样的卡其色战斗服、修身"工装"长裤、黑色粗皮鞋和"一脚蹬"，甚至戴上猪肉馅饼帽[3]。在丝网印刷的诺丁山骚乱舞台背景下，冲撞乐队演奏了《白色暴乱》（"White Riot"），这首歌的灵感便是 1976 年诺丁山狂欢节。后来他们与一支雷鬼迪斯科乐队一起巡演，这支乐队的管理人唐·莱茨是一位黑人拉斯塔法里 DJ，他在位于科芬园（Covent Garden）的罗克西夜店（Roxy Club）工作时，拍摄了纪录片《朋克》。

后文将会提到，虽然朋克与英国黑人亚文化（后者与雷鬼有关）表面上毫不相干，但两者的深层结构却是相

---

[1] 《新音乐快递》（*New Musical Express*）：英国 1952 年创刊的音乐周刊杂志，与《滚石》杂志齐名。

[2] "Heavy Manners"是牙买加雷鬼音乐制作人 Prince Far I 的一首歌。

[3] Pork pie hat：因帽冠跟馅饼形似而得名的绅士帽。

连的。然而，想要正确解读朋克与雷鬼两种文化形式的对话，我们必须先充分理解雷鬼文化和英国工人阶级青年文化的内部构成与意义——这二者都比朋克更早出现。我们的主要任务有两项：首先必须追溯雷鬼乐的西印度群岛根基；其次要重新解读战后青年文化历史，将其理解为英国社会对20世纪50年代以来黑人移民的一连串不同回应。为了重新评估英国青年文化，我们需要把重点从传统兴趣领域（学校、警察、媒体和父辈文化，这些领域已经被霍尔等人详尽研究过了）转移到种族和种族关系维度，我认为后者一直以来都被严重忽视了。

第三章

你在那里吗，非洲？胸部高耸，大腿健硕的非洲。愠怒的非洲，烈火中淬炼出的钢铁，百万高贵的奴隶的故乡，被流放的非洲，漂泊的大陆，你还在那儿吗？渐渐地，你消失了，隐入历史，藏进不为人知的故事、殖民博物馆和学者的著书论作里。但是今夜，我要呼唤你回来，加入这场秘密的狂欢。

——让·热内

第一节　回归非洲

摇滚乐与雷鬼乐的差别一听便知，无须赘述，马克·基德尔[1]曾简要评价道："爵士乐和摇滚乐往往迸发出安非他命般的狂乱，而雷鬼乐则像大麻一样慢慢见效。"

---

[1]　马克·基德尔（Mark Kidel，1947—　）：英国纪录片导演、作家、音乐评论家，为《观察家》《星期日泰晤士报》《卫报》《新评论》撰写音乐评论。

雷鬼乐取材于牙买加黑人与英国黑人的特殊经历。过去几年里，一代英国年轻黑人纷纷组建了雷鬼乐队，例如西马隆斯乐队、钢线律动乐队、马图比乐队、黑色板岩乐队（Black Slate）、阿斯瓦德乐队[1]。雷鬼乐别具一格，有一套自己的语言——牙买加方言，这是奴隶们从主人[1]那儿"偷"来的"影子牙买加语"，在他们从非洲辗转到西印度群岛过程中神秘地转变、"分解"、重组。雷鬼乐节奏更为缓慢，旋律更加感伤，以更明显却也更简朴的低音线"轻摇慢滚"[2]（rocks steady）。它的音乐修辞在结构上更为周密，来源却不复杂，基本源自两个相近的传统，一是牙买加独特的口语文化，二是对《圣经》的独创性挪用。牙买加五旬节派、"说方言"等元素在雷鬼乐中表现得十分明显，雷鬼乐还再现了布道者与信众融为一体的唱和形式[3]。雷鬼乐用一系列回顾性的框架（例如拉斯塔法里运动、"回归非洲"的主题等，前者可参见本书第42—50页）颠倒了黑人在历史上的迁移顺序（非洲-牙买加-英国），以此解决黑人共同体移民后遇到的问题。雷鬼乐是一个民族所经历旅程的生动记录。虽然黑人移民本身就是一部记录了民族从奴隶制到奴役制的历史，但雷鬼乐却能用它独特

***

[1] 西马隆斯乐队（The Cimarons）：成立于1967年的英国第一支独立本土雷鬼乐队。钢线律动乐队（Steel Pulse）：成立于伯明翰汉兹沃斯地区，该地区有大量非洲-加勒比裔、印度裔和亚洲移民。马图比乐队（Matumbi）：70年代到80年代初英国的顶级雷鬼乐队之一。阿斯瓦德乐队（Aswaad）：乐队名称为阿拉伯语，指黑色。

的结构重新绘制这段旅程。

雷鬼的特色打击乐映射了非洲特色。在西印度群岛，非洲之声历来被当作叛乱，无时无刻不遭受强行镇压（Hall，1975）。过去，对非洲传统（如击鼓）的沿袭尤其被当局（教会、殖民地政府甚至一些"后殖民"政府）视为眼中钉，他们从中看到了内在颠覆性，认为这一沿袭是对法律和秩序的象征性威胁。在他们眼里，这些传统不仅是反社会的、非基督教的，更是异教徒们耀武扬威的凯歌。它们指向不可告人的异端仪式，唆使人们一边效忠当局，一边心怀敌意地从事非法勾当，颠覆未来的和谐。它们高歌黑人身份（Negritude），暗藏最隐蔽又最"黑人"[1]的反叛。它们收复了"被流放的非洲"，这块"漂泊的大陆"又成了黑人神话中的宝地。这种神话光是存在，就足以让一些白人奴隶主惊惧不已。

因此，非洲是加勒比海地区黑人心中的禁地，它是一个失乐园，是矛盾地鼓吹着童真与性本恶的西方神话体系中一段被遗弃的历史。非洲是奴隶制的另一面，一块广袤的界外之地。但在这被除名的大陆以外，还有一个地方，一无所有的黑人们在那里聚集，共享反欧洲的价值观，共同奔向乌托邦。矛盾的是，虽然《圣经》是西方文明的原

---

[1] darkest：这里一语双关，有"隐蔽""邪恶"之意，也可以表达"乌黑、深色"。

动力，但黑人们的另类价值观与他们对美好生活的向往也源自《圣经》。拉斯塔法里教极有效地融合了"黑非洲"与"白圣经"这两个表面上水火不容的符号集。异教观点究竟如何融入《圣经》当中？拉斯塔法里教又如何戏剧性地超越了基督教信仰的元教旨（服从主人）？为了回答这些问题，我们首先要知道基督教信仰是怎样进入牙买加黑人的世界的。

普遍来说，无论在雷鬼乐还是在西印度普通人的意识中，《圣经》都发挥着决定性作用。殖民当局曾利用《圣经》给非洲人介绍欧洲关于文化、压抑与灵魂的理念，向他们灌输西方价值观。正因为《圣经》修辞重复着"黑撒旦"与"雪白的上帝的羔羊"的二元论，欧洲人才心安理得地眼见着奴隶制发展壮大，觉得自己把"野蛮人"改造成勤勉的仆从，让流离失所的非洲人在叛逆的"本性"之外拥有了秩序与神圣的美德。

然而，这种内部殖民化并不彻底，必有缺陷。年复一年，奴隶制的实践与最初"诠释"它的基督教意识形态渐行渐远，两者的抵牾日益尖锐。黑人共同体自然会在《圣经》文本里找寻自身的映射，加上宗教隐喻具有开放性，他们逐渐形成了新的认同。原来《圣经》也有黑暗面：白人主人自说自话，而"非洲"蛰伏其中，遭人遗忘。但只要读出《圣经》字里行间的真义，就可以解放非洲，还其自由，以"正义的受难者"为其正名。

　　《圣经》故事完全可以从黑人视角解读[4]，特别是贫穷的西印度工人阶级黑人，他们既可以从《圣经》里汲取一系列恰如其分的隐喻形容自身处境（比如巴比伦中受苦的以色列人），也能从中提取一整套相应的隐喻性方案解决问题，摆脱当前处境（比如义人得救、恶者受罚、审判日、锡安山、应许之地）。《圣经》详尽细致地记载了犹太民族的历史，其中满是奴隶制的试炼与磨难；它建议被奴役者直接在共同体内部借助信仰、恩典与圣灵的力量，"弥合（痛苦与想望）的裂痕"。除了这类特定母题以外，孕育它们的特色话语模式也给西印度人提供了最灵活、最具表现力的参考框架，深刻地影响了他们的思维。

第二节　拉斯塔法里的解决方案

　　《圣经》就这样融入了牙买加的口述文化之中，发挥基本的语义功能，成为牙买加所有文学作品的典范。它可以"含糊地表意一切"（Alfred Jarry，引自 Shattuck，1969）。借以其极广阔的诠释空间，黑人共同体便能轻松理解自己在异国他乡的从属地位。

　　拉斯塔法里信徒相信，海尔·塞拉西在 1930 年登上埃塞俄比亚王位，表明《圣经》预言与世俗预言实现了，

"巴比伦"（白人殖民政权）终将垮台，黑人终会得救。

拉斯塔法里的异教传统激情澎湃，它对牙买加人匮乏的物质条件做了诸多"泰然的"解读，无怪乎它能想出这样一个解决方案：挪用《圣经》——在字里行间寻觅受困的"非洲"，剥去《圣经》文本的欧洲外壳，露出其黑人的内核。所谓拉斯塔法里主义，即以可能破坏神圣文本的方式去解读它，挑战天父的话语本身。

拉斯塔法里的教义称上帝在埃塞俄比亚，巴比伦全是黑人"受难者"。事实证明，这一对白人宗教的彻底颠覆无论对金斯敦贫民区的工人阶级青年，还是对英属殖民地西印度群岛上的黑人群体来说，都具有非同一般的吸引力——其原因显而易见。面对长久以来一边压抑一边又定义着西印度共同体的物质矛盾，拉斯塔法里信徒扎着脏辫[5]，"义愤填膺"，用一种奇观式的手段解决了它。他们在一连串意味深长的贫民窟文化用语中破译了"苦难"这个词，指出自身的贫困源于殖民、经济剥削等历史性原因，并描绘了一场"出非洲记"。拉斯塔法里信徒的存在就是对巴比伦（即当代资本主义社会）赤裸裸的反抗，他们不愿否认非洲被偷走的历史，固执地说贫穷与流放是"伟大的符号"[1]，是他们自尊的信物。有朝一日，巴比伦被

---

[1] "对我来说，最肮脏的符号就是最伟大的符号（signs of grandeur）。"（Genet，1967）——原书注

推翻后，他们会凭这张票返回家乡非洲，回到锡安山。他们还用红色、绿色与金色[1]描摹出自己的"根"，弥合几百年的沟壑，这一沟壑曾将西印度共同体与其历史隔绝开，阻碍了人们正面评价西印度共同体的黑人特性。

拉斯塔法里信徒强调种族与阶级差异，而新独立的牙买加政府一心想掩盖这些差异，因此拉斯塔法里派所受的迫害至少持续到了 20 世纪 60 年代末。⁶不过，对拉斯塔法里怀有同情态度的曼利政府⁷则给予了拉斯塔法里派一定程度的承认，这开启了所谓的"文化革命"（出自第三电视台 1977 年 7 月对斯图亚特·霍尔的访谈）。当时不光牙买加工业模式全面转变，意识形态⁸也发生了重大改变，人们放弃模仿欧美，转而靠拢古巴与第三世界。恰在此时，牙买加流行音乐工业兴起，雷鬼乐确实是传递拉斯塔法里"教义"的最佳媒介。

第三节　雷鬼乐与拉斯塔法里主义

早在 20 世纪 60 年代初，斯卡[2]唱片"粗粝"、轻快的节奏就埋下了一条拉斯塔法里主义的暗线（唐·德拉

---

[1]　埃塞俄比亚国旗的颜色。拉斯塔法里信徒把这三种颜色印在了各种物件上，例如徽章、羊毛衫、衬衫、凉鞋、毛线帽、手杖（《圣经》里的"杖打"）。——原书注

[2]　斯卡（ska）：一种音乐体裁。牙买加乐手将当地民谣和即兴小调音乐与高频率电波中收听到的美国的爵士乐和 R&B 相结合，形成了斯卡音乐。

蒙德、里科[1]等）。这条线索在接下来的十年里日益清晰，直到雷鬼乐中的拉斯塔法里要素或多或少完全决定了音乐的走向。雷鬼乐的节奏逐渐慢下来，几乎跟非洲的新陈代谢一样缓慢；歌词也更主动融入牙买加元素，发音愈发含混，待发展到"回响"乐（dub）[9]，歌词彻底没有，变成了"说唱"[2]。玩"重型"雷鬼乐的音乐人扎"脏辫"，吸大麻，散发救世主的气息，"重型"雷鬼乐的鲜血和烈火般的修辞与其躁动的节奏，都与拉斯塔法里主义有关。英国的西印度黑人们只能在当地"音响系统"（即工人阶级黑人青年经常光顾的迪斯科舞厅）和小型唱片零售商组成的地下网络中传播拉斯塔法里教义、"脏辫"打扮与"种族意识"。

"重型回响乐"与"摇滚乐"[10]是失业的黑人青年的另类音轨，不用说，这比他们在大型购物新区游手好闲[3]时听到的米尤扎克[4]背景音乐好多了，在那些地方，他们一不小心就会因为"嫌疑人士"法案[5]被逮捕。不过，拉

---

[1]　唐·德拉蒙德（Don Drummond，1932—1969）：牙买加斯卡曲长号手、作曲家。里科·罗德里奎（Rico Rodriguez，1934—2015）：古巴出生的牙买加斯卡与雷鬼乐长号手，是最早的斯卡音乐家之一。

[2]　这里的"说唱"（talk-over）指牙买加 DJ 在 20 世纪 50 年代发展出来的跟随音乐说话的风格，他们会即兴说出有节奏的短语。

[3]　参见 Corrigan, 1976。他坚持认为"孩子们"的头等问题就是不知怎么"消磨时间"。——原书注

[4]　Muzak：在零售店和其他公共场所播放的美国背景音乐品牌。

[5]　参见《超时》（Time Out）1977 年 8 月 5 日刊。——原书注

斯塔法里主义在落地英国的过程中，其原本的宗教内涵必会遭受调整。

从沟镇到拉德布罗克格罗夫 [1]，拉斯塔法里异教不知不觉蜕变成一种具有表现力的"风格"：英国黑人青年们梳脏辫，穿卡其色迷彩服，抽着大麻，公然将广大年轻英国黑人感受到的与主流社会的疏离表之于形。这种疏离几乎无法避免，因为西印度工人阶级居住在条件恶劣的街区，饱尝失业与警察骚扰之苦。据估计，早在 1969 年，白人青年找到技术性工作的可能性就比同等条件的黑人青年高出五倍。更何况整个 60 年代，黑人与警察的关系都持续恶化。从 1969 年的红树林审判 [2] 开始，黑人社区与当局之间不断爆发激烈对抗（例如加勒比审判、奥瓦尔审判、1976 年的诺丁山狂欢节），社会两极分化愈发严重。

失业率攀升，民众日益不满，媒体公开报道黑人青年与警察之间的冲突……就在这个当口，从牙买加输入到英国的雷鬼乐开始直面种族与阶级问题，复兴非洲遗产。雷鬼乐及此前种种音乐类型其实一直在影射种族与阶级问

---

[1] 沟镇（Trenchtown）：位于圣安德鲁教区的一个街区，20 世纪 60 年代时被称为"牙买加的好莱坞"，是慢拍摇滚和雷鬼乐的发源地，也是雷鬼乐大师与拉斯塔法里信徒鲍勃·马利（Bob Marley）的出生地。拉德布罗克格罗夫（Ladbroke Grove）：西伦敦一个街区，20 世纪 60 年代英国反文化运动的中心。

[2] 指对西伦敦红树林餐厅 9 名黑人活动家的庭审，2020 年英国导演史蒂夫·麦奎因根据这起事件拍摄了影片《红树林》。

题。它们打造出了一系列反叛者的原始形象，包括"粗野男孩"（rude boy）[11]、枪手、骗子等——如今这些形象仍和特定的事物密切相关，常常被用来赞美个体的反叛。

回响乐与重型雷鬼乐出现后，越来越多的人加入了反叛者的阵营，这种反叛被归纳和理论化。于是，粗野男孩——这个斯卡乐与慢拍摇滚里不朽的英雄人物，孤身一人、无望地反抗着不可战胜的权威的不良少年——让位给了拉斯塔法里信徒；后者以更深刻且更微妙的方式与法律抗衡。如今，拉斯塔法里主义成了反叛者的核心信仰。以往的叙事只不过是"黑人孤身反抗，引起官方报复，又掀起另一波反抗"，而拉斯塔法里信徒在牙买加历史失落的语境中，不光看透了这种沉闷的循环，还彻底打破了它，将冲突带到不被人注意的日常生活表面。通过质疑井然有序的常识表达（例如流行打扮、通用语言，等等），他们得以超越法律、秩序这些意识形态交锋激烈的领域，直抵斗争的最"表层"：拉斯塔法里运动在社会构型的"皮肤"上进行着最惊人的创新，折射社会体系的黑白两极，他们将黑人气质转变为一个积极符号、一种被装载进个体的本质、一件致命与神圣并存的武器。拉斯塔法里信徒一边激化黑白冲突，一边在黑人内部引起分化，这种战术调整反映在音乐中，并通过音乐形式实现再生产。前文已经说到，雷鬼乐愈发黑人化、非洲化，牙买加方言日渐难懂，威胁挑衅越来越不加掩饰。在 20 世纪 60 年代巴斯特王子 [1] 的斯卡唱片《奥兰治大街上的战役》(*Battle [s] on Orange Street*) 中血腥而幽默地描绘的 "奥兰治大街上的战役"，此时被全面的 "巴比伦战争" [2] 所取代。这场 "战争" 具有双重性质：它既围绕模棱两可的指涉语，也指向现实中的关系与想象中的关系（种族阶级关系与巴比伦；经济剥削与《圣经》苦难）；它同时是真实与隐喻层面的斗争，描绘出了一个被意识形态缠绕的世界，在那里表象与幻觉成了同义词。

当然，战争也会有战利品，但不一定都是好的：凝聚力、目标感、认同感、或多或少明确的敌人。如果认为《警察与小偷》[3] 里 "真枪实弹惊骇全国" 的警匪冲突不仅是对现实的补充说明，也意指（signify）了拉斯塔法里信徒在意识形态领域发动的不流血战争，那么甚至连暴力 "解决方案" 与宗教 "解决方案" 之间的矛盾都可以得到缓和。当一个人逐渐远离雷鬼乐与拉斯塔法里主义的源头，暴力 "解决方案" 就会越来越容易转化为宗教 "解决

---

[1] 巴斯特王子（Prince Buster，1938—2016）：牙买加创作型歌手与制作人，他在 20 世纪 60 年代发行的唱片影响并塑造了牙买加当代音乐的进程。

[2] *War inna Babylon*，也是牙买加雷鬼乐音乐家马克斯·罗梅奥 1976 年在小岛唱片发行的专辑名称。小岛唱片源自牙买加，其主要业务在英国，对摇滚和雷鬼乐有着深远影响。

[3] *Police and (the) Thieves*：牙买加雷鬼乐音乐人朱尼尔·莫文 1977 年于小岛唱片发行的专辑。

方案"。在大英帝国的每个地方性"音响系统"中，在所有有大量移民定居的大城市里，好战的受难者们组建成正义之师，向埃塞俄比亚国旗宣誓效忠。

在西印度工人阶级的所有机构中，"音响系统"最深入地探索了黑人气质，也最清晰、坦率地表达这一气质。西印度工人阶级社群被歧视、敌意、怀疑与空洞的不解包围，而音响系统则代表了一个宝贵的内部圣殿，不受外界污染。在这里，黑人的心脏跟随稳定的回响乐脉搏跳动，仿佛重回非洲。年轻人格外珍爱音响系统。北伦敦七姐妹路（Seven Sisters Road）上的四王牌俱乐部（Four Aces Club）里只有黑人听众，他们在 1000 瓦功率的电贝斯雷鸣般的轰响中，"藐视"巴比伦。权力就在此处——就在指尖上。无形的、电动的权力在空气中浮沉，通过自制的扬声器传送，回荡在每一次"祝酒"[12]咒骂中。音响震天，硝烟弥漫，天谴将至，在这样的环境里一个人很容易感到"审判日"就在眼前："电闪雷鸣之时"，"懦夫倒下了，正义的黑人屹立不倒"（出自《电闪雷鸣》，比格·约斯[1]，克利克 [Klik] 唱片，1975），他们忘却了先前的苦难，用惊惧[13]武装自己。

就这样，音响系统开始被与更重型的"正统"雷鬼乐

---

[1] 比格·约斯（Big Youth, 1949— ）：牙买加 DJ。

联系在一起。两者逐渐相互依存，而就实用目的而言，它们其实是一回事。音乐本身几乎脱离了无线电，只在机柜、电线、阀门和麦克风组成的繁杂网络（即"系统"）中才存在，这个系统在法律上属于个别企业家的私产，但在更深的层次上则属于社区。比起其他任何媒介，西印度移民更能在音乐中与他们的过去，与牙买加，进而与非洲交流，而这种交流对于维系其黑人身份至关重要。"系统"播放音乐，音乐与"文化"概念密切相关；一旦系统遭受攻击，就相当于社区遭到了威胁。可以说系统成了一片圣地，这块地盘不允许白人群体染指。警方对系统的干预自然会引起黑人的强烈反感，有时只要警察现身音响系统，就会激起黑人青年的暴力报复。1976 年的诺丁山骚乱 [14] 和 1974 年的加勒比俱乐部暴力事件 [15] 都是因此而起，它们都是黑人对社区空间的象征性保卫。

第四节　出埃及记：二度逾越

所幸总的来说，西印度黑人社区与更大的白人社区之间没有太多矛盾。至少伦敦的一些地方都有着完整的地下交流网络，多年来一直将当地的边缘人与西印度亚文化联系在一起。一开始，这些内部渠道被用以非法交易大麻、传播爵士乐，但它们也为更广泛的文化交流奠定了基础。

由于当地边缘人与西印度移民同样贫困，他们所关注的问题重点差不多，生活处境也很相似，因此两个群体日渐惺惺相惜。虽然两种文化仍然保留着各自的形态，他们在对各自的家庭与街区、酒吧与邻里保持忠诚的同时，也相互照应，和谐共处。除少数重大例外事件（例如 1958 年的诺丁汉区与诺丁山区；70 年代的霍克顿地区与东伦敦部分地区），它们找到了一种和平共存的模式。

50 年代和 60 年代初的情况确实如此。一般而言，第一代西印度移民和白人工人阶级邻居之间享有太多共通的文化，不可能出现公开对立。作为明确的亲英者，这些移民即便在牙买加感到"宾至如归"，也有着和英国人一样的生活目标，进行英国人的消遣活动（喝一品脱啤酒，玩一局飞镖，在周六晚上参加一场舞会）。尽管英国口音不地道，他们也操着英国人的"宿命论"[16]腔调，接受自己卑微的社会地位，但相信孩子们将前途光明，日后生活必定优渥。当然了，他们的社会处境并没有如他们所预期的那样迅速改善，哪怕到了 70 年代初，充分就业也还是个遥不可及的梦想。人们已经记不清那时的风貌，因为那时的英国完全不似战后一般繁荣。

至于出生在英国并在这里接受教育的黑人孩童，相比于他们的父母，他们更不能忍受社会地位的低下和机会的匮乏，也不愿承认社会对黑人的主导定义。雷鬼乐恰好提供了一个焦点，围绕它可以组织起另一种文化、另一套价值观与另一组自我定义。于是黑人青年的风格发生了微妙的变化，他们的步态、举止、口音好像一夜之间不再那么英国化。黑人青年的言行举止彰显了一种新的自信：他们有意"出言不逊"，他们更有活力，不再总是坐立不安[17]。那几年里，黑人移民的着装也发生了重大改变。早期移民自从踏上英国的土地，就一直穿五颜六色的马海毛西服，搭配印有图案的领带，或穿整洁的印花连衣裙与漆皮鞋。这种打扮折射出他们对生活的热望，每一个雪白的袖口都盼望着成功。早期移民想顺从白人社会的传统规范"做出成绩"，而这恰好是一出讽刺的悲剧。那一个个夹克袖口实际在不经意间宣告了任何想要融入社会的期望都会落空，因为它们在英国人眼里太过花哨，爵士味儿过于浓重。这些特定的衣物剪裁（代表一种不太可能实现的雄心壮志）曾被整整一代移民当成是英国社会的入场券，如今却刻满了他们的希望与失望。

大多数志愿移民把逾越到英国视作一种信仰行为，它是某种意义上的出埃及记。这种出走基于种种矛盾动机的奇异融合：他们对东道主国家感到绝望，少说也已经失去了耐心，但他们相信付出行动便能有成效，并渴望提升社会地位，相信他们的祖国会履行义务，迎接并犒赏她迷途的儿女们。

第一代移民主要是技术工人与半技术工人，他们想改善生活的愿望被自身的保守主义倾向遏制了：基于牙买加人传统认知中的英国式体面与正义感，他们坚信英国会赐予勤勉的人合理的生活回报。50年代一名典型的西印度移民期盼拥有工作、家人、尊严，以及一个让家人安居的地方。但60年代追随前一代移民而来的往往是非技术工人，他们移民的动机是更直接的绝望情绪：牙买加什么也给不了，他们为此感到不满（Hiro，1972）。移民英国既是挽救生活价值的破釜沉舟之举，也是他们解决生活问题的"神奇"方案。也许因为他们已经没什么可失去的了，反而对从西印度群岛移民到英国倾注了更大心血，怀着一种堪称宗教性质的强烈希冀。因此，第二代移民的幻灭感往往也更深重、更彻底、更易表达。不管什么情况，只要移民开始聚到英国大城市正在衰败的内部，一种西印度风格便会出现。这种风格没有强烈受限于英国特色，也不在克制的表达与"五彩斑斓"间进退两难，它暗示着新一轮移民已经开始。虽然白人不愿接受，但英国没有给西印度移民他们想要的东西，这些移民已经在心理上迁出了英国。

至少在西印度社会的边缘地带，人们的着装发生了重大转变。或许是受到60年代中期黑人俱乐部与迪斯科舞厅繁荣的影响，骗子和街角混混们都蠢蠢欲动，他们戴上帽子和"墨镜"，穿上意大利西装，攒出了一套特殊的西印度造型，看上去像是美国人的"黑人兄弟"：他们黝黑而彬彬有礼，手脚灵活，衣装服帖修身，随着爵士乐、斯卡曲和美国 R&B 律动，用步伐与黑话再造了这些音乐的音色与音节。他们在黑暗的内部寻求庇护，躲开"正派人士"与白人。就这样，他们重估了圣痕，现在加勒比海的俗艳成了一种疏远主流的告白，一种"他者性"的标志。"黑人兄弟"修复了黑人气质，并在符号象征层面上向年轻的西印度人开放。黑人气质从 60 年代的音乐中层层显露，在先锋爵士乐（例如约翰·柯川[1]、米洛斯·戴维斯、菲洛·桑德斯、阿奇·谢普）、回响雷鬼乐和重型雷鬼乐中得到表达。

当然，音乐的发展必然会带来服饰视觉效果的变化。70 年代，"青年"们着手创造他们独特的风格：拉斯塔法里美学的一种变体，借用进口的雷鬼唱片套设计，并根据第二代移民的需要进行了调整。但它不是微调的拉斯塔法里主义，因为它几乎剥离了拉斯塔法里全部的原始教义，选择性地提炼并挪用了其中强调反抗与黑人身份重要性的元素，这些元素将"黑人"和他的"女王"[2]置于白人主

---

[1] 约翰·柯川（John Coltrane, 1926—1967）：美国爵士萨克斯风表演者和作曲家，也是一位优秀的音乐革新家，对 20 世纪 60—70 年代的爵士乐坛有着巨大的影响。

[2] 男性以"女王"（queen）称呼女性，作为对其尊重、赞美或喜爱的表达，是英语国家黑人文化的一部分。该习俗背后的文化预设和规范，在当代也引起了一定的争议和讨论。

导型意识形态之外。拉斯塔法里风格围绕着一种差异构建，这种差异就刻在黑人的肤色之上，并基于外表延展、表达与显形。那些跟着雷鬼乐这头"谦逊雄狮"[18]起舞的年轻黑人塑造出一种更贴近非洲"本性"的形象[19]。套叠式平顶帽消失，被粗织毛线帽替代。奎宁水、马海毛和涤纶，所有这些用来制作午夜电光蓝闪亮西装的原材料变成了棉花、羊毛和牛仔布，衣服变得更加休闲实用。英国的每条高街上都有一家军需品商铺，挂满了不祥的游击队时装，这些战斗服和战斗夹克被卖给正义的拉斯塔法里信徒们。粗野男孩的短发蓄成"非洲"卷发，或是被编成"脏辫"与"发结"（随处可见一头整洁潇洒的头发或编着发结的人）。女孩儿也开始不再拉直头发，转而留起短发，要么把头发梳成繁复的阿拉伯式分叉造型，发丝像毛细血管一样盘踞在脑袋上。她们用这种方式向想象之中的非洲致敬。

与西印度移民居住在同一街区，在同一工厂或学校工作并在与他们相邻的酒馆喝酒的白人工人阶级，也在这场风潮中耳濡目染。移民周遭那些想建构自身亚文化的白人青年格外关注第二代移民青年文化"重回非洲"的风格。当然了，无论在美国还是在英国，黑人青年文化与白人青年文化的关系一直很微妙，不论双方是否有实际接触，他们的关系都具有潜在的爆炸性意义。两者间存在着强烈的象征性联系，这一联系转化为共情（"我们认为所有的有色人种都是神圣的"——乔治·梅利，1970）或效仿（例如在现代爵士乐时代，音乐人摄入烈性毒品）[20]。保罗·古德曼（1968）与乔克·杨（1971）都把黑人描绘为典型的地下分子，他们的价值观（寻求冒险，追求刺激）一方面与主流社会清醒积极的价值观（循规蹈矩，追求安全，等等）共存，一方面也削弱主流价值观。就此而言，"青年"与"黑人"在主导神话体系中通常处于同一个位置，乔克·杨（1971）写道："人们（对青年与黑人时）抱有同一种矛盾心态：他们都快乐而懒散，奉行享乐主义又充满危险。"

当然，在不同时期或不同情境中，这两种身份存在或多或少明显的相似，人们也多少能主动感知并体会这一相似性。总的来说，"青年"与"黑人"两个群体的一致性既开放也封闭，既直接又间接，既被承认也被否定。人们也许会认可它，它进而能发展成真实的联结（例如摩登族、光头党与朋克）；人们也许也会压制它，它进而会倒转成一种对立关系（例如泰迪男孩、油头族）。但无论如何，这两个群体的关系都是所有青年文化形式演变过程中的关键因素，也是决定所有青年文化形式所意指、其成员所"表达"的意识形态的关键。

在另一个层面上，我们也可以沿着白人工人阶级青年奇观式文化的发展轨迹，描绘东道主国家与移民社区之间的排斥模式与同化模式。白人亚文化形式的演变可被视为对黑人移民的适应和回应：白人社群深层结构的调整象征了固有社群对黑人移民的排斥或吸纳。我们发现，黑白对话在美学层面（在服饰、舞蹈、音乐和整体风格修辞之中）留有最微妙且全面的记录，尽管是一种编码式的记录。因此，只要描述、解释、破译这些亚文化形式，我们便可以间接了解黑白两个共同体之间的交流情况。在丰富的英国工人阶级青年文化表层，徘徊着战后种族关系的历史游魂。

第四章

淡紫色的傍晚，丹佛黑人区的灯光闪烁，我走在
27 街与韦尔顿街之间，浑身酸痛，希望自己也是个
黑人。因为白人世界能给我的最好的东西仍不足令我
狂喜，那儿没有像样的生活、欢愉、快感、罪恶、音
乐，也没有像样的黑夜。

——杰克·凯鲁亚克（1966b）

第一节　爵士乐迷（hipster）、垮掉派与泰迪男孩

美国流行音乐界的乐评人早就承认，白人青年文化与
黑人都市工人阶级存在联系。爵士乐中种族融合的传统有
据可考，许多白人音乐家同黑人音乐家即兴演奏过，也有
白人音乐家借鉴（有人认为是抄袭）黑人音乐，将其转
译、转换到另一种语境中。这类创作与演奏过程也调整了
爵士乐的结构与意义。20 世纪 20—30 年代，爵士乐逐渐

融入主流流行文化。在这过程中，它被删改，原本过剩的情欲日渐枯竭，暗示愤懑与反击的强节奏（"hot"）[1]巧妙地化为夜总会里温和的曲调。这一改造过程的高潮即白人摇摆乐[2]的出现。它是一种清洗过的音乐，剔除了黑人音乐源头那颠覆性的内涵，无害，不惹眼，且受众广泛。[1]不过这些被压抑的意义在比波普爵士（be-bop）中再度迸发[2]，到了50年代中期，尽管纽约之声[3]旗下的爵士乐手故意创作出一种难以欣赏且更难模仿的爵士乐来限制白人的身份认同，一群新的更年轻的白人听众还是逐渐将比波普视为当代先锋爵士（Avant-Garde），并从其危险且粗糙的表面看到自身的"黑暗面"。虽然如是，垮掉派与爵士迷也开始利用不那么妥协的爵士形式创作他们独有的即兴乐句，形成了一种"短路"的"纯抽象"爵士风格。[4]

　　爵士史无前例的种族融合、咄咄逼人的架势和无所顾忌的张扬，无疑会引起争议，而话题自然集中在种族、性别、叛逆等方面。很快，爵士引起了道德恐慌。美国保守派此时对垮掉派以及爵士的反应，几乎完全是几年后他们面对摇滚乐时那套经典的歇斯底的预演[5]；而同时，持同

---

[1]　Hot Music 是爵士乐一种早期类型，指的是迪克西兰（Dixieland）舞蹈乐队强劲、切分的音乐节奏。

[2]　摇摆乐（swing）：20世纪20年代晚期大乐队时代中兴起的爵士乐新风格，指挥都是著名音乐人，与早期爵士乐的自发随性相比更加系统化。

情立场的自由主义观望者们则建构了一套完整的有关"黑人救世主"（the Black Man）与其文化的神话叙事。在这套叙事里，黑人获得自由，不再受制于沉闷的常规（这些常规蛮横地欺压社会中更幸运的群体，也就是白人[1]）。虽然他被困在肮脏的街道与条件恶劣的廉租房，但经过一番奇异的反转，反倒成了最终赢家。与中产阶级不同，他只有有限的存在可能性，过着被阉割的生活，却在贫困中活出了一代激进的白人知识分子无法拥有的人生。在诺曼·梅勒自觉反映现实的时事散文里，或是在杰克·凯鲁亚克极度的溢美之词中（他的作品过分美化黑人文化，几乎到了荒谬的地步），黑人救世主形象若隐若现，被白人青年看作"枷锁下的自由人"的化身。他像"飞鸟"查理[2]一样飞跃了自身悲惨的境遇，用一支支破旧不堪的萨克斯演奏出一句句独白，在他的艺术里表达并超越一切对立（天知道他是怎么做到的！）。

尽管爵士迷与垮掉派这两种亚文化从同一套基本神话叙事演变而来，二者对黑人文化还是各有借鉴，与黑人文化的关系也有所不同。如戈德曼所言：

---

[1] 原文是"the writer"，应该是"the whites"的笔误。

[2] "飞鸟"（bird）是查理·帕克的绰号。

······爵士迷是典型的下层阶级花花公子，他们打扮得像皮条客，装出冷静理性的腔调，跟贫民窟里那些粗俗冲动的黑人拉开距离，他们想要好东西，比如上等的"大麻"和最精巧的音乐（爵士乐或非洲古巴爵士乐）······但垮掉派原先都是些像凯鲁亚克一样热切的中产阶级大学生，他们在自己继承的白人城市文化里感到窒息，想逃往遥远的异国他乡，在那里像"人"一样生活、写作、抽烟、思考。（Goldman，1974）

爵士迷亚文化在地理上更邻近贫民窟黑人文化。爵士迷与贫民窟黑人共享特定的社区空间，共用一种语言，有相近的关注重点，它将那种亲身体验到的与黑人之间的联结进行正式表达。相反，垮掉派与黑人建立的则是一种想象上的联系，他们根据神话将黑人想象成高贵的奴隶与英雄，虽然"过着不变的谦恭的生活"，但也是"挥之不去的威胁"，介于自由人与奴役之间（Mailer，1968）。因此，尽管爵士迷亚文化与垮掉派亚文化都围绕对黑人的身份认同构成（两者将爵士乐视为黑人的象征），但两种亚文化所披露的黑人的本性截然不同。爵士迷的阻特套装[1]与欧陆轻装蕴含着街角黑人的传统热望（好好过日子，追

---

[1] zoot suit：流行于 20 世纪 40—50 年代的男装，裤管宽大但裤口狭窄，上衣长而宽松，肩宽。

求上进）；垮掉派则套着牛仔裤和凉鞋，刻意衣衫褴褛，借此表达他们与贫穷的神奇联结——在他们看来，贫穷是一种神圣的本质，一种优雅状态，一处避难所。如伊恩·钱伯斯[1] 所说，两种亚文化都说明"黑人文化与黑人音乐蕴含着对立的价值观，它们在新的语境下可以是一种症候，象征着白人青年亚文化的矛盾与张力"（Chambers，1976）。

当然了，钱伯斯指出，在分析英国青年文化时，这种价值与意义的转译仍然有效。然而，在50年代从美国漂洋而来并在英国扎根的只有垮掉派这一种亚文化形态（或多或少算是白人与黑人浪漫式同盟的产物），这并不让人惊讶。因为英国工人阶级社区没太多黑人，爵士迷亚文化无从说起。那时，西印度移民刚刚涌入英国，直到60年代人们方才感受到他们对英国工人阶级亚文化的影响，这一影响大体以加勒比形式呈现（例如斯卡舞、蓝调等）。与此同时，在爵士之外，摇滚乐（rock）内部正在发生一场更精彩的融合，可以说直到黑人福音音乐（black gospel）、布鲁斯与白人乡村音乐、西部音乐融合而成一种新型音乐形式——摇滚乐（rock'n roll），黑人与英国工人阶级青年间那条社会地位的界限才被悄悄抹去。

---

[1] 伊恩·钱伯斯（Iain Chambers，1949— ）：英国作曲家、制作人与表演者。

不过，在摇滚乐发展早期，黑人与英国工人阶级青年之间象征性的联盟并不稳固。摇滚乐脱离了它的原生语境（在那里，摇滚乐脱胎其中的父辈文化[6]已充分认识到"黑人 = 白人工人阶级青年"这一具有颠覆潜力的等式），被移植到英国（在这儿，摇滚乐成了泰迪男孩风格的核心要素）。于是在英国，摇滚乐存在于真空中，它像一种盗取，汇聚了对非法不良身份的想象。摇滚乐回荡在空荡的新开的英国咖啡吧里，尽管煮沸的牛奶与饮料氤氲出独特英伦的氛围，但经此过滤后的摇滚乐仍有明显的外来性与未来感，就跟播放它的点唱机一样标新立异。和其他神圣的人造品——大背头、小脚裤、百利护发油、影院——一样，摇滚乐代表了美国这块充斥着西部片与黑帮、极尽奢华诱惑、处处有汽车的幻想大陆。

泰迪男孩的气质与体面的工人阶级格格不入，他们也普遍遭后者排斥，很可能一辈子只能从事没有技术含量的工作（Jefferson，1976a）。泰迪男孩发现自己不在幻想大陆上，于是公然盗用了两种文化形式（黑人音乐的节奏与布鲁斯，还有贵族式的爱德华风格），并将二者并置，摆出一副夸张的姿态，以肉眼可见的方式背离学校、工作与家庭的单调日常。霍加特所谓的早期摇滚录音的空洞宇宙效应异常符合泰迪男孩：他们用几乎听不见的音调，以及通过电影才能理解的语言描述了一个遥远的世界，而这个世界因其遥不可及而显得格外迷人（读者可以聆听猫王的《心碎旅店》或吉恩·文森特德的"Be-Bop-a-Lula"）。

这样理智但难免粗简的挪用，注定使得歌曲中颤抖的人声所传达的黑人与白人音乐形式间的对话被忽视。毕竟，摇滚乐的建构史轻易便能被掩盖，它似乎只是美国一长串新发明中最新的那个，走在它前头的有爵士乐、呼啦圈、内燃机、爆米花，它们都是这个新世界中被"解放"的资本主义力量的具体形式。50年代晚期，摇滚乐在英国横空出世，仿佛是这片土地上自发的产物，它直截了当地表现青年的活力，完全不需要其他任何说明。泰迪男孩非但不欢迎外来有色移民，反而抄起家伙主动与之作对，足可见他们完全感知不到摇滚乐内含的矛盾性。

不管出于何种原因[7]，泰迪男孩经常卷入本地人对西印度移民无端的攻击当中，他们在1958年的种族骚乱中也异常活跃。泰迪男孩与垮掉派的相处也不是特别融洽，尽管在贾尔斯[1]的漫画中，泰迪男孩与垮掉派通常是一派的，共同对抗总是头戴圆顶礼帽又惶惶不安的"绅士"，但没有任何证据显示这两个青年群体交好。相反，两种亚文化压根不是一类，垮掉派游荡在苏活区（Soho）与切尔西区的大学校园、昏暗的咖啡吧与小酒馆；泰迪男孩则

---

[1] 卡尔·贾尔斯（Carl Giles，1916—1995）：英国漫画家，为《每日快报》供稿。

聚集在伦敦南部与西部传统工人阶级社区，两个地界相去甚远。垮掉派沉浸在文学与口语文化中，自称对先锋艺术（抽象画、诗歌、法国存在主义）感兴趣，好似有放荡不羁的博爱胸怀，透露出四海为家、困惑无定的气质；而泰迪男孩则是不折不扣的无产阶级，十分排外。两种风格无法相融，50 年代晚期，传统爵士吸引了英国大多数亚文化群体[8]，垮掉派与泰迪男孩之间的差异就更明显了。

传统爵士靠的是一种带着酒意的"男子汉"气质，它与早期摇滚乐生硬、神经质的急躁感大有不同。此外，泰迪男孩奔放造作的美学风格也与垮掉派不相容：泰迪男孩将麂皮鞋、丝绒质地与厚毛头斜纹布的衣领，以及波洛领带[1]等男士奇装异服混搭，营造出一种挑衅感；垮掉派则青睐排扣风衣、凉鞋与反核运动（C.N.D）的"自然"融合。垮掉派与黑人文化源头存在某种暗合，这种想象中的亲和时而伴随大麻交易与现代爵士转变为实际的联系，而这一联系可能会进一步疏远他们与泰迪男孩。

第二节　英国本土的酷感：摩登风格

然而到了 20 世纪 60 年代初，英国传统工人阶级区出

---

[1]　bootlace ties：一种由具有装饰性金属尖端的绳索或编织皮革组成的领带，通过装饰扣或滑扣固定，在美国西部地区最为常见。

现了不少移民社区，这让黑人与白人邻里间发展某种友好关系成为可能。

西印度移民滋养了一连串工人阶级青年文化，青年们积极回应黑人的涌现并开始模仿黑人的风格——摩登就引领了第一股潮流。与前文中的美国爵士乐迷一样，摩登也是"典型的下层阶级花花公子"（Goldman，1974），十分在意衣着的小细节（Wolfe，1966）。他们像托马斯·沃尔夫[1]笔下挑剔的纽约律师⁹要依据其定制西装夹克的开衩决定自己衬衫衣领的角度一样，要根据他们手工定制的皮鞋形状穿衣。

摩登不像狂妄招摇的泰迪男孩，他们穿衣更内敛，更注重细节，喜欢样式保守且颜色沉稳的西装，极其讲究干净整洁，一般留着利落的短发，偏好用隐形发胶而不是咋呼的发油（这是更阳刚的摇滚族才喜欢的），保持完美的"法式平头"。摩登创造的风格让他们在学校、工作与休闲之间游刃有余地切换，并且这一风格表现出多少，他们就隐瞒了多少。他们打破从能指到所指的常规顺序，颠覆"衣领、西装与领带"的传统意义，讲究整洁到了荒谬

---

[1] 托马斯·沃尔夫（Thomas Wolfe，1900—1938）：20世纪美国文学最重要的小说家之一，在短暂的一生中创作了四部长篇小说，分别是《天使望故乡》《时间与河流》《网与石》和《你不能再回家》。

的地步。他们活成了罗纳德·布莱斯[1]笔下不满的劳工[10]、让·热内笔下的"杰作"：拜安非他命所赐，他们有点太聪颖了，也有点太过机警。戴夫·莱恩[2]1969年时说过："摩登的行为中包含着成年人无法理解的东西，那些无形的细节（锃亮的鞋面、香烟品牌与领带的打结方式）似乎诡异地与办公室、教室格格不入。"

从工厂或学校回家的路上，摩登会遁入某处不见踪影：他们流连于一个"白日地下"世界（Wolfe，1969），那里有地下俱乐部、迪斯科舞厅、时装店与唱片店，它们藏在"正派世界"之下，也是假托与正派世界的差异才得以被界定。在这些地方，摩登超越自身与老板、老师的关系经验，建构了属于他们的"秘密身份"。这一身份的一部分即与黑人的情感联系（在英国，他们在这些地下场所建构，在美国则是通过灵魂乐），而这种联系最终转为风格。1964年苏活区硬核摩登戴着墨镜跟窄檐礼帽，十分神秘，只在听到内行人才领会的舶来灵魂乐（托尼·克拉克的《（我是）表演者》、詹姆斯·布朗的《老爸买了个新包》、多比·格雷的《我在人群中》或巴斯特王子的《疯

---

[1] 罗纳德·布莱斯（Ronald Blythe，1922—2023）：英国作家、散文作家与编辑。

[2] 戴夫·莱恩（Dave Laing，1947—2019）：英国作家、编辑与播音员，专门研究流行音乐与摇滚乐的发展。

狂》一类牙买加斯卡舞曲[1]）时才肯用脚打打拍子（脚上穿的是"编织凉鞋"或拉乌尔正品鞋）。摩登族跟泰迪男孩、摇滚青年不同，他们一般踏实地从事稳定工作[11]，这类工作对他们的打扮、着装、"整体气质"与时间都有严格的要求，所以他们更珍视周末。他们生活在商业日程表的缝隙（例如银行假日、周末活动、通宵达旦）和零碎的自由时间里，也正是这些自由时间使工作有意义。在这些闲暇时间里（有时候只能通过安非他命艰难地延长），他们有真正的"工作"要做：擦亮速可达摩托、买唱片、熨平或改小裤子、从洗衣店取回裤子，以及洗头并吹干头发（可不是用随便什么老式吹风机，根据1964年8月《星期日泰晤士报》对一位摩登的采访，一定要用"带机罩的吹风机"）。

在上述所有这些狂乱的活动中，黑人救世主这一意象不断出现，象征着一条暗道，通往想象中的"潜伏在庸常生活表面之下……的地下世界"[12]。在那里有一套新秩序，一个美丽而复杂的系统，"正派"世界的价值、规范与惯例在被倒了个个儿。

---

[1] 托尼·克拉克（Tony Clarke, 1940—1971）：美国灵魂乐作曲家兼歌手。詹姆斯·布朗（James Brown, 1933—2006）：美国作曲家、歌手、乐团团长、唱片制作人，被称为"灵魂乐教父"。多比·格雷（Dobie Gray, 1940—2011）：美国创作歌手。这里提到的曲目原名分别是"（I'm the）Entertainer""Papa's Got a Brand New Bag""（I'm in with）The In Crowd"和"Madness"。

068

在世人蔑视的表面下，优先级彻底改变了：工作无关紧要，也无足轻重；虚荣与傲慢完全合理，甚至成了可贵的品质，一种更诡秘和模糊的男子气概散播开来。是黑人救世主让这一切成为可能，他施展某种巫术，运用某种诡计，借助灵魂乐的力量，脱离了白人所能理解把握的范围。哪怕他仍然是个表演者，就像摩登一样服务于白人，但他已然是逃脱与颠覆这门优雅艺术的大师。他能够曲解规则为自己所用，设计出一套私有的独特秘文与技巧，说精妙却晦涩难懂的语言——那是语词的面具，是羽冠与靴刺。[13] 他能委身于结构之中，甚至无须主宰结构便能改变其构型。整个60 年代中期，黑人救世主都给摩登风格提供了隐秘的（用詹姆斯·布朗的话来说就是"看不见的"）灵感来源。

1964 年以前，一位摩登族可能会说：

> 现在黑人就是我们的英雄——他们能歌善舞……的确，我们会摇摆，搭便车四处窜，但我们还是回去贴身热舞，因为黑人们这样做。（Hamblett and Deverson，1964）

第三节　白皮肤，黑面具

1966 年，在媒体、市场力量和一系列常见的内生矛盾（是保持私密性还是走向大众；驻留青春还是长大成人）

共同挤压下，摩登"运动"开始分裂成不同的派系。最显著的一个变化是"硬核摩登"与爱好时尚与60年代"装扮"的摩登分道扬镳。斯坦·科恩（1972b）发现，"做派更奢靡的摩登广泛参与节奏布鲁斯、露营与卡纳比街[1]出街等各项活动，他们慢慢融入更懂时尚的嬉皮士"，接触早期地下摇滚；而"穿着重型钢靴与背带牛仔裤，留着短发，在偏执的边缘蹦跳的'硬核摩登'"不再听花里胡哨的酸摇滚，开始听斯卡曲、慢拍摇滚与雷鬼乐。

硬核摩登是光头党的前身，60年代末光头党已经成为一种风格显著的亚文化。光头党带有强烈的无产阶级、清教徒与沙文主义色彩，穿衣打扮与其摩登前辈截然不同，菲尔·科恩[2]（1972b）形容光头党就是"讽刺漫画中的典型工人形象"：短发，穿李维斯的宽大背带牛仔短裤或功能性修身工装裤，配纯色或条纹宾舍曼[3]排扣衬衫，马丁靴擦得锃亮。菲尔·科恩指出，光头党的全套装扮仿佛构成"社会流动全过程的元叙事"，这套叙事系统夸大摩登风格里不言自明的无产阶级元素，又额外遏制了所有可以想见的资产阶级摩登要素（例如西装、领带、发胶、矫

---

[1]　伦敦的一条街，以时装出名。

[2]　菲尔·科恩（Phil Cohen, 1943—　　）：英国文化理论家、城市民族志研究学者、社区活动家、教育家、诗人，曾参与伦敦地下的反文化运动，在青年文化研究以及城市复兴对工人阶级的影响方面多有建树。

[3]　英国男装品牌。

饰）。菲尔·科恩接着用"向上流动"与"向下流动"解释了光头党的转变："传统摩登探索向上流动的可能，而光头党选择向下沉沦。"（1972a）

为了彰显自身更"贫民窟"的身份，光头党汲取了两个表面上不相容的文化资源：西印度移民文化与白人工人阶级的文化。传统工人阶级社区有长久的关切焦点、敏锐的地盘意识、粗犷的外表，并带有不苟言笑的"大男子主义"（科恩在1972年指出，传统工人阶级社区的形象已经"被中产阶级观念歪曲"）。这一形象在公众眼中是个迷思，而又与西印度社区的元素（特别是黑人不良青年的粗野男孩亚文化）直接叠加。两种迥异的源流汇聚成了光头党的双重视觉风格：不良少年们穿着熨烫整洁的衣服，干净利落，这种打扮不仅再现了"白人下层男性模式化的'硬朗的'刻板形象"，还受到粗野男孩影响，尽管很多文章在描写光头党时都会更强调前者（Clarke and Jefferson，1976）。

这些文章低估了黑人对光头党的影响力：仿佛黑人的影响仅限于雷鬼乐，但光头党其实直接挪用了西印度群体的打扮（克龙比式大衣，短发）、黑话和风格。因此，我虽然同意约翰·克拉克和托尼·杰弗逊的观点（1976），"风格的确试图以符号形式复兴某些工人阶级文化的传统表达"（另可参见Clarke，1976），但我也认为有必要强调，复兴传统的风格行为是特立独行且自相矛盾的。光头党们不仅在全是白人的足球看台上碰头，还与西印度人在当地青年俱乐部和街角厮混，模仿他们的举止，跟着他们一起咒骂，随他们的音乐起舞。就这样，他们"神奇地找回了"工人阶级社群失落的归属感。这戏剧化地印证了《通过仪式抵抗》里的论述："亚文化的反应"在风格层面综合了父辈文化与青年文化——前者的适应、协商与抵抗形式，后者"更直接、更具接合性，也更贴近青年（的特点）、处境与活动"。在光头党的个案中，从父辈文化中汲取的"东西"（着装规范与价值体系）不仅根据青年一代的特殊语境发生改变，有时甚而会被彻底颠覆。阿尔夫·加内特[1]说话时不住地拉长元音，这是工人阶级狭隘性与种族偏见的最佳缩影，但典型的光头党会向雷鬼唱片、西印度同学同事学几句牙买加土话（ya raas!），于是白人口音就被中和了（或不会那么明显）。甚至连光头党"制服"的源头也不能确定，白人与黑人的"语言"（服饰、黑话、关切焦点：风格）辩证互动，所以光头党的靴子、修身工装裤、剪短的头发显然受到黑白两方影响。光头党制服诞生于两个世界的边缘地带，体现了黑人与白人共同的审美趣味。

---

[1] 英国情景喜剧《直到死亡将我们分开》（*Till Death Do Us Apart*）中的人物。

讽刺的是，那些传统上与白人工人阶级文化相连的价值观（约翰·克拉克称之为"出于保卫目的而组织起来的集体价值观"）逐渐被时间和相对的富裕侵蚀，工人阶级扎根的生活环境遭到破坏，这种价值观也相应衰落了，而如今它却在西印度黑人文化中重生。西印度黑人文化全副武装抵制外界污染，抵御来自主导意识形态的正面进攻，又因其肤色而与"美好生活"无缘。然而，西印度黑人的仪式、语言和风格给白人青年提供了参照。这些青年因想象中战后的妥协而选择疏远父辈文化。想象当中的过去（典型的白人贫民窟）与正在被体验的现在（贫民窟里黑白混住）——光头党就这样开启了过去与现在的对话。在这一对话中，两者分别使用对方的语言重构自身，双方的矛盾不说得以解决，也至少缓和了。

　　但这样的"对话"本身难免会有一定麻烦。毕竟，光头党会用最显著的变迁信号（黑人出现在以往只有白人的工人阶级社区中）来修补断裂的过去，重建连续性，弥合裂缝，抵御其他不太明显的变化（例如工人社区资产阶级化，无阶级的迷思，大家庭瓦解，私人领域侵占公共领域，城市化，等等），而这些变化更深刻地威胁着传统社区的结构。不用多说，白人青年与黑人青年的联盟极其不稳固，极具临时性：要想避免内部冲突，只得一直盯着容易发生冲突的地带（例如白人女孩），或是把其他异端群体（酷儿、嬉皮士、亚洲移民）抓来做替罪羊。尤其值得注意的是，"抨击"可以是一种转移注意力的策略，即当某黑人群体内部凝聚力不够、产生身份认同的焦虑的，就可以在"抨击"另一个黑人群体的过程中，将这种恐惧转化为对他者的敌意。克拉克（1976a，p.102）和科恩（1972a，pp.29-30）不厌其烦地指出，由于巴基斯坦人比西印度人更不易被迁入社区同化，所以他们不仅因为种族特征被排斥，还在宗教仪式、食物禁忌、价值体系（鼓励恭敬、节俭和谋利）各个方面与社区格格不入，遭到黑人光头党和白人光头党的共同凌辱。只要靴子踢在了巴基斯坦人身上，黑人白人的矛盾就不见了，它被掩盖而被迫"消失"了。

临近70年代，过去与现在、黑人文化与白人文化之间的界限越来越模糊。伊恩·泰勒和戴夫·沃尔（1976）强调说，很多战前的工人阶级机构（也正是光头党试图重振的机构）这时都进一步遭到侵蚀，"工人阶级的周末时光也不复以往"，足球和常见的休闲娱乐活动都已经"资产阶级化"了，而且"消费资本主义对由阶级导向产品（即华丽摇滚）构成的市场"高度敏感，这是光头党亚文化衰落的核心因素。此外，雷鬼乐内部也发生了意识形态的转变，叫嚣着要把白人青年赶出去。雷鬼乐更露骨地关心种族问题，更公开地亲近拉斯塔法里主义，于是种族基本矛盾开始直接在生活表面爆发，美学与风格也大受影响，而这两个领域原本是黑人青年与白人青年的休战地带。雷鬼乐日渐迎合自身的黑人性，因而越来越难吸引光头党，而那时光头党这一特殊的亚文化也逐渐边缘化，似乎已经到了淘汰的当口。沃尔和泰勒（1976）提到了1972年的夏天，当时光头党和利物浦白人一起在托克斯泰斯区攻击第二代西印度移民，这是光头党"自然史"的"大日子"。的确，在70年代早期，

> 当光头党听到拉斯塔法里信徒唱着"一无所有的人只想过安宁的日子"，或是听到操作着合成器的DJ劝说黑人兄弟"在社区做好事"时，他们根本不买账，转头就走……粗野男孩们不再欢迎外人，这说明他们已经改换阵营，如今不管是黑人还是白人都不再欢迎光头党，留光头党一头雾水……雷鬼乐的时代到来了，而光头党只能永远停留在青春期……
>
> （Hebdige，1976）

第四节　华丽摇滚：白化病坎普风（Albino camp）与其他分化

1973年11月，一本只面向西印度市场的杂志《黑人音乐》开始发行，沃尔和泰勒认为这象征着70年代初

英国黑人文化的自我隔离，也在某种程度上置白人工人阶级的青年文化于绝地。毕竟，罗伊那首《黑人的时代》（"Black Man Time"）尽管在年轻黑人中极为流行，但几乎吸引不到白人青年。拉斯塔法里主义移植到英国的过程中，其意识形态上的细微独异性被简单粗暴地抛弃了，所以黑人青年只是用它骂白人同龄人、教师、警察和老板，称他们是"巴比伦"或"秃头疯子"。[14]

如果任由流行音乐发展，它就往往萎缩成空洞的迪斯科舞曲或甜腻的民谣，而"华丽"摇滚则是两个已死或将死的亚文化（地下文化与光头党文化）的合成物，它避开灵魂乐与雷鬼乐，开辟白人音乐路线。按沃尔和泰勒的说法，这条路直入消费资本主义的魔窟，白人青年逐渐步入前文提及的欧洲式自我迷恋状态（本书第33—37页）。尤其是鲍伊，他在70年代初打造了一系列"坎普"风的舞台人格（例如外星摇滚明星Z字星尘[1]、化着闪电妆的阿拉丁·萨恩[2]、牛顿先生[3]、瘦白公爵[4]，以及更为阴郁的金发元首（Fuehrer），拥有了一批狂热的崇拜者。他吸引了一大批青年（而不只

---

[1] 鲍伊为专辑《Z字星尘与火星蜘蛛的升起与陨落》（*The Rise and Fall of Ziggy Stardust and the Spiders From Mars*）创造的外星摇滚明星，雌雄同体。

[2] 鲍伊为专辑《阿拉丁·萨恩》（*Aladin Sane*）创造的舞台人格，有经典的闪电妆容。

[3] 鲍伊在尼古拉斯·罗伊格（Nicolas Roeg）1976年的电影《天外来客》中所饰演的角色汤玛斯·牛顿。牛顿来自另一个文明高度发达的缺水星球，出于对水的迷恋来到地球。

[4] 鲍伊的阴郁时期。

是比波普青年），并在个人打扮上开了某些视觉效果的先河（例如化妆、染发等方面）。他雌雄莫辨的形象受年轻人热捧，他们渴望且勇于挑战臭名昭著的工人阶级性别陈规。在无聊的省电影院，在维多利亚风格市政厅，每一场鲍伊的演唱会都吸引了一大批惊世骇俗的鲍伊粉丝，他们自认为很酷，帮派帽子遮住了他们染成鲜艳朱红色、橘色、猩红色且金银相间的头发（至少在会场大门打开之前，他们会一直戴着帽子）。这些精致的年轻面孔，要么脚踩高跟颤颤巍巍，要么就穿着50年代的塑料凉鞋一副懒散做派（就像鲍伊最后一次公开亮相一样）。他们得体地拿捏香烟，肩膀的角度也恰到好处，好像一场扮装比赛的参赛者。这让某些摇滚界乐评人尴尬、震惊，因为他们更关注青年文化"真实"与反抗性的内容。例如，沃尔和泰勒因为鲍伊所谓的"阴柔风"地下文化传统而尤感愤怒：

> 实际上，鲍伊勾结消费资本主义，想携手再造一个依赖主导文化的青少年阶层。他们是被动的消费者，只会趁着尚未"成年"，不用承担责任，抓紧消遣。他们创造的不是批判性的青年文化，也不会（从阶级或文化角度）质疑青春期以及向成年人工作世界过渡的意义与价值。（1976）

的确，鲍伊的政治立场和反文化倾向都不鲜明，而那些被允许登上供人消遣的电子屏幕的信息，基本都遭到积极的反对。（"希特勒是第一个超级明星。他还真是说对了。"《临时囤积》[*Temporary Hoarding*]曾如此报道，这是一家倡导摇滚反对种族主义[1]的期刊。）鲍伊显然对当代政治问题、社会问题、普通工人阶级的生活都不感兴趣，不光如此，他的整体美学也刻意回避"真实"世界以及一贯被用来描述、体验和再生产这个世界的平凡语言。

鲍伊的元信息是逃离：逃离阶级、性、个性，拒绝献身任何平淡无奇的事业，他们想逃往幻想当中的过去（它是伊舍伍德笔下的柏林[2]：一群注定会失败的波希米亚人的幽灵组成的国度），或者逃向科幻小说中的未来。鲍伊谈及当代"危机"时永远迂回婉转，他会描绘一个死气沉沉的类人世界，让人看不出他是褒是贬。在鲍伊眼里（以及在鲍伊后的性手枪乐队眼里），"你没有未来，我也没有未来"（《上帝保佑女王》，维京唱片，1977），但鲍伊打开了性身份的话题，这是之前在摇滚和青年文化中一直被

---

[1] 摇滚反对种族主义运动（Rock Against Racism，RAR）：1976年在英国展开的一场运动。流行音乐、摇滚乐、雷鬼音乐家同台演出，宣扬反种族主义主题，鼓励年轻人远离种族主义观。

[2] 克里斯托弗·伊舍伍德（Christopher Isherwood，1904—1986）：英裔美国作家。1929年随好友、诗人奥登前往柏林，在当地待了四年，见证了纳粹的兴起。伊舍伍德的作品以描绘20世纪30年代的柏林著称。

压抑和忽视的，至多也只是被隐晦谈及。而在那些最复杂深刻的华丽摇滚（至少是像鲍伊和罗克西音乐[1]这类艺术家）中，颠覆的重点已经从阶级和青年转到了性身份和社会性别。鲍伊绝不是任何主流激进主义意义上的解放者。相比于"真正"去超越任何性别角色，他更喜欢扮装，更青睐花花公子作风——安吉拉·卡特（1976）口中"被压迫者似是而非的胜利"[15]。尽管如此，鲍伊以及那些模仿鲍伊的人的确"质疑了青春期以及向成年人工作世界过渡的意义与价值"，只不过他们的方法特立独行。传统上，想从童年过渡到成年，必须严格区分不同性别特征，但鲍伊们却选择通过巧妙地模糊男女形象来实现这种过渡。

第五节　漂白的根：朋克与白人性

"我看到那些链子跟挂在脖子上的狗项圈，就想到了电视剧《根》。"

——1977 年 10 月 15 日《妇女报》

对一位朋克母亲的采访

---

[1]　罗克西音乐（Roxy Music）：1970 年成立的英国摇滚乐团，开创了华丽摇滚，同时显著影响了早期的英国朋克音乐，也为新浪潮音乐提供了电子作曲的典范。

"朋克就是黑鬼。"

——1977 年 10 月 29 日《新音乐快递》

对朋克音乐人理查德·赫尔的采访

华丽摇滚从根本上打破了性别划分，所以往往不受多数工人阶级年轻人欢迎。70 年代中期，摇滚乐迷分成了两派，几乎所有青少年比波普音乐爱好者都追主流华丽乐团（例如马克·博兰、加里·格利特、阿尔文·星尘 [1]）；而年纪较大、自我意识较强的青少年则坚决追随更难懂的艺术家（鲍伊、卢·里德、罗克西音乐），这些音乐人极其装腔作势，显露精英主义气质，病态地标榜自己的艺术与智识，因此很难融入大众。后一流派的音乐人的歌词和生活方式日渐远离日常生活和青春期的庸俗心愿（尽管一开始这种疏离提供了额外的吸引力）。在艺术家与观众不断拉开的距离之中，朋克美学产生了，并可在一定程度上被看作是在试图揭示华丽摇滚中暗含的矛盾。例如，朋克的"工人阶级性"、其邋遢打扮和朴实无华与华丽摇滚巨星的傲慢、优雅、口无遮拦大相径庭。不过两种形式也有一定的投合之处。朋克称自己是在为遭人忽视的白人贫民

---

[1] 马克·博兰（Marc Bolan，1947—1977）：英国歌手、词曲作者、吉他手与诗人，华丽摇滚乐队雷克斯暴龙（T. Rex）的主唱。加里·格利特（Gary Glitter，1944— ）：英国华丽摇滚歌手；阿尔文·星尘（Alvin Stardust，1942—2014）：本名为 Bernard William Jewry，英国华丽摇滚歌手与舞台演员。

窟青年发声，用的却是华丽摇滚造作的语言。例如他们会戴铁链，穿破洞和"脏兮兮"的衣服（染色的夹克，不雅的透明衬衫），并使用现成的粗暴语词，用这些方式来暗示自身的工人阶级性。空洞的一代在戏仿中被"归到社会无效集当中"（理查德·赫尔，《新音乐快递》1977年10月29日刊），他们用各种暗黑的喜剧能指（例如绑带和锁链、紧身衣和僵硬的姿势）来描述自己受束缚的状态。虽然朋克操着无产阶级的口音，其修辞却充满了讽刺意味。

朋克是对华丽摇滚"文本"的附录，试图刻意以其潦草刺破华丽摇滚奢侈华丽的风格。朋克之所以阴阳怪气，痴迷于阶级和现实关切，本质上都是想打击上一代摇滚乐手的知识分子心气。朋克对华丽摇滚的反应反过来把新浪潮引向了雷鬼及其相关风格，而它们恰好是华丽摇滚狂热者最初所抵制的。雷鬼乐吸引了朋克青年，因为它能够具象化他们的异化感。雷鬼乐有必不可少的信念与政治色彩，而大多数当代白人音乐明显不具备这些。

惊惧（dread），尤其是一种惹人艳羡的特质。它是威胁的手段。只有维持惊惧的风格，青年们才能在街头维持复杂的惺惺相惜关系，以肤色、发绺、和方言辨识彼此；它绝妙又可怕，叫人不敢靠近，它意味着一种坚不可摧的团结，一种从苦难中涅槃的禁欲主义。"惊惧"概念是理解朋克秘密语言的关键：这套异国语义的内核是彻底拒绝白人基督徒的同情（他们会说："黑人和我们一样"），仅仅是其存在本身就能让沙文主义白人（他们会说："黑人跟我们绝不是一回事"）恐惧。

但正是由于这种矛盾性，雷鬼乐强烈地吸引着朋克。黑人西印度风格具有排他性，但朋克又无法获得本真的白人身份。前文已经说过，拉斯塔法里主义的正统语言有意含混不清。它从牙买加方言发展而来，黑人在白主人听不懂的情况下说了几个世纪的牙买加方言，所以这种语言能刺痛那些最体面的白人的耳朵。雷鬼乐高唱着"回到非洲"和"埃塞俄比亚主义"，根本不考虑白人听众的感受。雷鬼乐的黑人性是被禁止的。它的本质是大英帝国的异己：虽然是外来的，却从帝国内部威胁着主流文化 [16]，因此它与朋克的价值观（无政府、投降、衰退）形成了共鸣。

朋克们想在公然挑衅英国国民性的行为里寻找正面意义，这其实本身就是一种符号层面的叛国行为，它补充乃至实现了朋克摇滚自带的"渎神"使命（例如性手枪乐队的《英国无政府状态》和《上帝保佑女王》，乔丹在德里克·贾曼 [1] 的电影《庆典》中演唱《统治吧，不列颠

---

[1]　德里克·贾曼（Derek Jarman, 1942—1994）：英国导演、编剧、诗人、画家、植物学家和同性恋权利活动家。

尼亚！》[1]）。朋克们甘愿被主流社会疏远，甘愿在外来形式的陌生轮廓中失去自我。因此，那些致使光头党在20世纪60年代末衰落的因素，反过来在70年代末催生了朋克文化。摩登族与光头党的风格间接再现了西印度粗野男孩"酷酷"的打扮与气质，又被象征性地放在相同的典型环境当中（大城市、充满暴力的贫民窟）。因此，在某种程度上，朋克美学可以被解读为白人对黑人"种族性"的"转译"。相应地，这种白人"种族性"依据内在矛盾而被定义。一方面，尽管它以强烈的偶像破坏的姿态看待传统的英国国民性（女王、英国国旗等），它的核心却也在此。它是英国的"本土"事物，操着城市口音谈论城市里那些众所周知的地方。另一方面，它又否定本土，大谈无名的住宅区、匿名的救济金领取队伍和抽象的贫民窟。它一片空洞，面无表情，无根无源。这是朋克亚文化不同于西印度风格的地方，尽管朋克的基本模式从西印度风格中提取而来。城市黑人青年还可以在出格的雷鬼乐中前往想象中的他乡，例如非洲和西印度群岛，但朋克却被困在此时此地，只能待在没有未来可言的英国。

不过这种不同也可以被神奇地抹杀掉。只需要一些小伎俩，时间和地点就可以被擦除、超越，继而转变为

---

[1]　英国著名的爱国歌曲。

符号。于是朋克以一张死白的面孔朝向世界，似乎在场，又好像不在场。就像罗兰·巴特的神话，这些"被谋杀的受害者"（他们被掏空，死气沉沉）也有一个不在场证明，有一个他处可去，这一证明和他处即是由凡士林、化妆品、染发剂和睫毛膏"妆扮"而成的。但矛盾的地方在于，朋克们的"他处"好像并不真的存在，而是一个虚幻地带，完全诞生于否定中。就像安德烈·布勒东的达达主义一样，朋克们"打开了所有的门"却发现这些门"通往的是一个没有终点的环形长廊"。（Breton，1937）

一旦进入这个渎神的圈子，朋克就注定会一直远离主流。它必须不停地模拟一个想象的世界，制造一系列关联物，以对应"现代生活危机"的官方原型：失业人群、大萧条、伦敦西大道、电视机，等等。于是这些危机转为图像标志（安全别针、破洞衣服、心不在焉的消瘦饥饿神态），并从此有了真实与虚幻并存的双重性质。图像以一种更高级的形式映射出被感知到的状态：一种无条件的放逐。虽然在拉斯塔法里主义与黑人历史的语境中，流放是一种特定的（尽管也是神奇的）解决方案，但如果用它来比喻英国白人青年的生活，就只能勾勒出无望。它既不能许诺未来，也无法解释过去。正如圣徒热内[17]"选择"了被赋予他的"命运"，朋克们同样困在"神圣"的从属地位的悖论之中，他们掩饰自己困窘的生活，想用夸张手法重塑自身，用真正的色彩"打扮"命运，主动选择节食，而不是被动挨饿[18]，穿着精致的破衣烂衫（精心打扮得"不修边幅"）在贫穷与优雅两极之间滑移。他们在破碎的玻璃片中找到完整的现实映射，从 T 恤有意设计的破洞里获得语言，他们的名号为家族蒙羞[19]，而就是这样，兜兜转转，朋克又回到原点：他们仍是被判处"终身监禁"者，即使文着凶恶的文身。

这些悖论直接从朋克与雷鬼的联系中表现出来。一方面，朋克公开承认接触与交流的意义，有时甚至将文化联结上升为政治事业。例如，为了与国民阵线在工人阶级街区日益上升的影响力抗衡，朋克们带头开展了"摇滚反对种族主义"运动。[20]但在更深的层面上，这一联系似乎又被压制了，朋克们会转而青睐另一种更侧重白人，甚至尤其是英国白人的音乐结构。

无论如何，朋克的某些特征直接源于西印度粗野男孩和拉斯塔风格。例如，典型的朋克发型会用凡士林、发胶或肥皂固定头发，让它保持垂直绷紧的状态，接近黑人的"小辫头"或脏辫。有的朋克会穿埃塞俄比亚国旗色的衣服，拉斯塔修辞也被用在朋克团体的曲目中，尤其是冲撞乐队和暴女乐队[1]，他们在创作中融入雷鬼口号和雷鬼

---

[1]　暴女乐队（The Slits）：世界上第一个女性朋克乐队。

主题。1977年，一支叫"文化"的雷鬼乐队创作了一首描述末日即将到来的歌曲，曲名为《七七浩劫》，后来这首歌的歌名成了正宗朋克圈里流行的口头禅。一些朋克团体在创作中采样雷鬼乐，于是，一种新的混合音乐形式出现——朋克回响乐[21]。打从一开始，第一批朋克就在伦敦科芬园的罗克西夜店里扎堆。重型雷鬼乐在朋克亚文化里享有特权地位，它是朋克们除了朋克摇滚以外唯一愿意听的音乐，在新浪潮音乐的狂飙突进运动中，重型雷鬼的旋律让朋克们喘了口气。许多朋克俱乐部选择在现场表演的中场间隙插播生涩的牙买加舶来雷鬼乐，这既是权宜之计（因为那时还没有录制好的朋克音乐），也是主动选择（雷鬼乐明显也是"反叛音乐"）。

朋克公然认同英国黑人和西印度文化，激怒了泰迪男孩亚文化复兴者。1977年的夏天，国王大道上每周六都在上演泰迪男孩与朋克青年的大战，两种亚文化之间剑拔弩张。早在7月5日，19岁的泰迪男孩"摇滚米克"套着荧光袜，穿着黑色麂皮厚底鞋和印着"摇滚同盟"与"吉恩·文森特[1]不死"的夹克衫，对《伦敦晚报》[2]的记者说他讨厌朋克，因为他们缺乏爱国主义精神。他还补充道：

---

[1] 吉恩·文森特（Gene Vincent，1935—1971）：美国音乐家，也是摇滚与洛卡比里风格的先锋。

[2] 英国伦敦本地的免费日报，于周一至周五以小报形式出版。

"我们不是针对黑人，只是说黑人跟我们不是一路人……"
（1977年7月5日刊）

不过，虽然朋克和雷鬼两种音乐形式间有很强的亲和性，它们也相对完整地保持了自身的独立性。朋克远没能原样模拟雷鬼的形式与音色，而朋克音乐及朋克风格的其他元素也明显朝着其西印度来源的反方向狂奔。雷鬼和朋克的听感完全不同，朋克凭高音取胜，雷鬼则更加突出中低音；朋克正面攻击既定的意义体系，而雷鬼通过省略和影射的技法传达信息。

实际上，当我们严格区分两种音乐形式，甚至是有意将它们区隔开来的时候，我们也正在揭开一个隐蔽的身份，它反过来解释了移民与移民社区间更广泛的互动模式。借用符号学的一个术语，我们可以说，雷鬼乐在朋克中是一种"在场的缺席"，也就是说，朋克围绕雷鬼这个黑洞建构了自身。我们可以将雷鬼与朋克的关系延伸到更广阔的种族及种族关系议题上。这样一来，朋克摇滚和雷鬼乐之间坚固的分界线不仅象征了朋克亚文化特有的"身份危机"，也体现了那些更普遍的矛盾和紧张关系，它们使得移民文化与本土工人阶级文化无法坦诚相待，因为前者具有强烈的"种族"特征，而后者将自己"封闭"起来。

现在，我们可以回过头来思考朋克的摇滚性与雷鬼性之间那种不稳定的关联。我们已经看到朋克在阶级和现实关切上咄咄逼人的态度。这一方面是由于华丽摇滚过度崇拜空灵，而另一方面，黑人移民群体的亚文化风格也间接导致了朋克采取特殊手段来贯彻这种态度（朋克崇尚流浪者美学和单调性音乐）。这种从白人到黑人再到白人的辩证运动不仅限于朋克亚文化，相反，它被记录、呈现在所有战后奇观式的工人阶级青年文化风格当中，尤其横贯了20世纪50年代中期以来的摇滚乐发展进程（甚至可以追溯到更早的爵士乐），影响着摇滚乐节奏、风格和抒情内容的每一次转变。现在，我们可以描述这种辩证运动了。

音乐，及音乐所支撑、所再生产的各种亚文化形式都具有可识别的固定模式，所以要想创造一种新的亚文化形式，必须相应地变革音乐形式。一旦音乐人从当代黑人音乐中汲取形式与主题，并据此打破（或"过度固化"）现有的音乐结构，迫使其重新配置各种要素，音乐形式就会发生突变。例如，20世纪60年代初摇滚乐逐渐安分下来（出现了空洞的青春热歌、浪漫民谣与噱头十足的乐器），摩登族为了寻找新刺激听起了灵魂乐与斯卡曲，而之后的白人 R&B 与灵魂乐乐团又重新发掘了黑人主题与黑人节奏[22]，于是 60 年代中期，摇滚乐再度崛起。同样，当华丽摇滚以其独特的音乐结构穷尽了所有变化之后，朋克们便选择重回早年更具活力的摇滚形式（即 20 世纪 50 年代和 60 年代中期，当时黑人对摇滚乐的影响最深[23]），向当代雷鬼乐（回响乐、鲍勃·马利）取经，希望找到一种更能表达他们沮丧和压抑感的音乐。

　　然而，朋克音乐的突变和朋克风格其他要素的突变一样，都是有意建构的结果。也许由于摇滚和雷鬼这两种语言差异太大，它们无法被轻易地整合到一起。这两种语言（服饰、舞蹈、言语、音乐、毒品、风格、历史）的本质毫不相称，因而一旦雷鬼乐暴露了其黑人性，它就会激发朋克亚文化特有的不稳定性。内在的紧张导致朋克举止僵硬古怪、面无表情、沉默不语，他们通过橡胶与塑料制品、绑带与机械舞无声地说话，这些物件即是世人眼中的"朋克"。而在朋克亚文化的核心，永远存在这一黑人文化与白人文化间凝固的辩证运动，其一旦超出某一临界（即种族性）便无法自我更新。到那时，朋克就会困在自己的历史当中，困在自己无法化解的反义之中。

Part Two

一
种
解
读

第五章

第一节 亚文化的功能

目前为止，第一部分介绍的所有亚文化都可被视为英国社会对涌现出的庞大黑人社群的间接回应。我们已经看到，工人阶级白人青年与黑人的社会地位相近，两者因此被等同起来，尽管这种同一性遭到压制乃至公开抵制，黑人文化形式（比如音乐）还是继续对各种亚文化风格施以决定性的影响。现在我们可以进一步探索这些奇观式亚文化与其对照群体（诸如父母、老师、警察、"正派"青年等群体）、对照文化（成人工人阶级文化与成人中产阶级文化）之间的关系。多数作者会过度强调年轻人与长辈、孩子与父母之间对立关系的意义，他们会援引通过仪式（rites of passage）理论，说这是童年进入成年的过渡标志，哪怕在最原始的社会中也是如此。[1]但这类叙述忽略了历史特殊性，无法解释为何这些特定文化形式会出现在特定历史时期。

英国社会历经"二战"浩劫，其传统生活方式已经覆灭，取而代之的是一种新的、看起来不太阶级化的社会体系——这些早就成了陈词滥调。社会学家尤其关注工人阶级社区的解体 2，并证实了拥挤街坊与街角商店的消失其实标志着一种更为无形且深刻的变化。伯格[1] 于1967年指出，地标不仅具有"地理意义，它还是个人的生平传记"，战后老地标的消失预示了整体传统生活方式的逐步瓦解。

然而，即便工党与保守党政治家都自信满满地保证说，英国正迈入一个极度富裕且机会平等的新时代，"（生活）从未如此美好"，阶级也不曾真正消失不见。不过，人们对阶级的感受，以及阶级经验的文化表达形式的确发生了剧变。大众媒体问世。家庭结构、学校与工作的组织方式不同以往，工作与休闲的相对重要性也有所变动——这些都割裂了工人阶级共同体，使其两极化，在广泛的阶级经验范围内制造出了一连串边缘话语。

青年文化的兴起也应当被视作两极化过程的一个环节。我们可以列举出不少具体变化，比如工人阶级青年消

---

[1] 彼得·伯格（Peter Berger, 1929—2017）：奥地利裔美国社会学家，路德教派神学家，主攻知识社会学、宗教社会学、神学等社会学领域，被视为当代社会学理论的重要学者之一，代表作是与托马斯·卢克曼（Thomas Luckmann）合著的知识社会学专著《现实的社会建构》。

费能力有所上升³，为了消化过剩的消费力，工人阶级青年市场得到开拓，1944 年的《巴特勒法案》[1] 改变了教育系统。这些因素都催生了战后青年的代际意识，它虽仍然根植于普遍的阶级体验，但表达方式已经不同以往，甚至在某些情况下与传统形式公然对立。

然而，直至最近，从未隐去的阶级要素才被学界认可为分析青年文化时有意义的范畴。下文即将谈到，因奇观式青年风格看似是自发涌现，很多作家便将青年刻画为一个新兴阶级，即无差别的青少年消费者群体。一直到 20 世纪 60 年代，彼得·威尔莫特[2]（1969）与大卫·唐斯[3]（1966）分别发表了自己对工人阶级青少年生活研究结果⁴，这一无阶级的青年文化神话叙事才得到严肃质疑。要想充分理解这类研究带来的新挑战，就必须结合学界对于亚文化功能更大的论辩。多年来，专攻越轨行为（社会偏常行为）理论的社会学家们一直着眼于此。在这里，我们似乎有必要先简要考察一下论辩中提出的青年及青年亚文化的研究方法。

---

[1] 一套教育改革法案，以当时的教育大臣 R. A. 巴特勒命名，法案规定中学教育引入三分制，即中学被分为三类：文法学校、工业中学与现代中学，中学教育免费。出台后，极大程度教育、动员了妇女与工人阶级。

[2] 彼得·威尔莫特（Peter Willmott，1923—2000）：英国社会学家，其对家庭生活与住房的研究影响了"二战"后英国的社会政策与应用社会研究。

[3] 大卫·唐斯（David Downes，1938—　）：英国社会学家、犯罪学家。

英国亚文化研究源于城市民族志传统，后者可追溯至19世纪：例如亨利·梅休[1]与托马斯·阿切尔（Thomas Archer）[5]的研究，再如查尔斯·狄更斯与阿瑟·莫里森（Arthur Morrison）的小说[6]。直至20世纪20年代，更"科学"的亚文化研究方法才陆续出现，与此同时，亚文化研究也形成了自己的方法论（即参与式观察）。当时芝加哥的一群社会学家与犯罪学家开始搜集青少年街头帮派与越轨群体（例如职业惯犯、非法贩酒商等）的相关资料。1927年，弗雷德里克·思拉舍[2]调查了千余个街头帮派，后来威廉·富特·怀特[3]在《街角社会》中也详细描述了某个帮派（即街角帮）的仪式、惯例与其偶尔的英雄行为。

参与式观察持续贡献了一些最有趣生动的亚文化研究作品，但这一方法也存在严重问题，其中最致命的就是它没有任何分析性或阐释性框架，因此不为信奉实证主义传统的主流社会学所接受，始终处于边缘。[7]更成问题的

---

[1]　亨利·梅休（Henry Mayhew，1812—1887）：英国新闻工作者和社会学家，其所著的《伦敦劳工与伦敦贫民》（*London Labour and the London Poor*）是史无前例的新闻调查作品，后成为各类社会改革家援引的关键资料。

[2]　弗雷德里克·思拉舍（Frederick Thrasher，1892—1962）：芝加哥学派的社会学家，著名社会学家罗伯特·帕克的同事。

[3]　威廉·富特·怀特（William Foote Whyte，1914—1999）：芝加哥学派社会学家，美国艺术和科学研究院院士。《街角社会》是他最重要的一部作品，这本书依据参与式观察法写成。

是，虽然基于参与式观察建构的叙述包含了大量描述性细节，但因缺乏分析或阐释框架，它难免会忽视阶级与权力关系，或至少低估其重要性。它们往往将亚文化描述为一个独立的有机体，可以脱离更大的社会、政治和经济背景自主运行，而这当然不全面。参与式观察得到的真实周密的细节，以及其成文后的抒情风格，都需要其他分析作补充。

20世纪50年代，阿尔伯特·科恩和沃尔特·米勒[1]描述了主导价值体系和从属价值体系之间的连续性和断裂性，期望以此填补参与式观察在理论上的缺憾。科恩强调青少年帮派具有补偿功能：在校成绩不佳的工人阶级青少年选择在课余时间投入帮派，开辟提升自尊的新路子。在帮派中，正派世界的核心价值观尽数失势，其对立面才值得追求，清醒、雄心、服从不值一提，享乐主义、蔑视权威、追求"刺激"才是要紧事（Cohen，1955）。米勒也重点研究了青少年帮派的价值体系，但他侧重帮派文化和父辈文化的相似性，提出许多越轨群体的价值观实际复刻了成年工人阶级的关切焦点，只是将它们进行曲解或强调处理（Miller，1958）。1961年，马察和塞克斯用"地下价值观"的概念来解释为何存在合法青年文化与不良青年文

---

[1]　沃尔特·米勒（Walter Miller，1920—2004）：美国人类学家，以对青年帮派的研究而闻名。

化。他们的观点与米勒类似，认为即便是那些被视作正派人士的体系，也存在潜在的颠覆性目标与目的。他们发现青年文化中所蕴含的地下价值观（即追求风险、寻求刺激等），与其说削弱，不如说反而捍卫了日常的生产性精神（例如延迟满足、例行公事等）（Matza and Sykes，1961；Matza，1964）。[8]

上述理论随即在英国开展的实地调研被验证。60年代，彼得·威尔莫特发表了他对东伦敦工人阶级男孩文化选择范围的研究。威尔莫特不同意马克·艾布拉姆斯[1]（1959）等人轻描淡写的论断[9]，他认为"彻底无阶级的青年文化"这一理念不够成熟，也没有意义。相反，他观察发现，青年选择何种休闲方式，是阶级社会固有的阶级矛盾与阶级分化的结果。菲尔·科恩则细致地探索了特定阶级经验如何被编码成休闲方式，毕竟这种休闲方式主要就起源于东伦敦。科恩还好奇青年文化和父辈文化之间的关联，科恩认为，新出现的变化割裂了整个东伦敦共同体，多样的青年风格体现了对共同体变化的区域性适应。科恩将亚文化定义为"满足两种对立需求的折中方案：青年既要创造并表达自主性，彰显自己与父母的不同……又要维持对父辈的认同"（Cohen，1972a）。用科恩的框架解释摩登族、

---

[1]　马克·艾布拉姆斯（Mark Abrams，1906—1994）：英国社会科学家、市场研究专家。

泰迪男孩与光头党，可以说这些风格想要调解现实经验与传统，同时平衡日常与新奇。科恩认为亚文化的"潜在功能"是"表达、解决父辈文化中隐藏起来的或没有被解决的矛盾，尽管它们表达和解决矛盾的方式十分神奇"。例如，摩登族

> ……想过上白领职员的生活，想向上层阶级流动，但这一切只是他们的想象……[同时]……他们的俚语和仪式形式……[则继续彰显]……诸多父辈文化的传统价值。(Cohen，1972a)

终于，我们看到一种全面考虑到意识形态、经济与文化多种因素相互作用的亚文化解读。科恩的理论基于翔实的民族志，因此能在分析中更精细地考虑阶级因素，而以前的研究无法做到这个地步。科恩不是把阶级当成抽象的外部决定因素，而是把它看作一种实际的物质力量，既贯穿在生活经验中，也彰显在亚文化群体的风格中。摩登族夹克的衣褶和泰迪男孩的鞋底都折射、存有并"调用"(handle)了历史的原材料——阶级焦虑与性焦虑、恭顺与反叛、家庭与学校、工作与休闲之间的张力凝结在这些物件中，它们既显而易见，又模糊不清。科恩找到了重构历史的方法，他穿透风格的表层，洞察了其潜藏意义。

目前科恩的理论框架仍然是对亚文化风格最充分的解读，但为了凸显阶级的重要性与意义，科恩不得不过多关注青年工人阶级文化与成年工人阶级文化之间的关联。我们必须承认，这两种文化形式同样有着重大差别。前文提到，年青一代在战后的确发展出了代际意识，而即便父辈与子辈共享同一种生活经验，两个群体也能以不同的方式解读、表达与处理这种经验。因此，虽然青少年与父母的"处理方式"有时很相似，甚至雷同，但在对奇观式亚文化的分析中，我们不应只偏重二者的相似性。同时，当我们试图结合其生成语境分析亚文化风格时，也要小心，不过分以体面的工人阶级文化为模板，牵强附会眼下这些更边缘的文化形式。

以光头党为例，他们的确重申了传统工人阶级共同体的价值观，但这些价值观已被其父辈摒弃——在光头党的时代，重谈工人阶级的传统关切被视为过时之举。摩登族也一样，他们所应对的变化与矛盾同样影响到了他们的父辈，但摩登族这样做是为了解决其自身特有的问题：他们发明了一个"他处"（周末，或是西伦敦），这个"他处"不同于家庭、酒吧、工人文化宫和邻里街坊等日常场所。

如果为了整合理论，而忽略不同亚文化形式之间的不协调与不连续，那么我们很可能就会否定亚文化物化、具象化以及传达集体经验的具体方式。例如，除了在现实中凝聚在一起，我们很难从朋克亚文化中找到对"挽回父辈文化中瓦解的社会凝聚力要素"（Cohen，1972a）的象征性尝试，而只能看到肉眼可见、紧紧团结在一起且高度结构化的群体身份的外在表达。相反，朋克们似乎在嘲弄社会学家长期以来颇为重视的异化与空洞[10]，他们故意迎合最尖刻的社会批评家们最坏的预测，戏仿英雄主义的语言以庆贺共同体消逝与传统意义形式的崩塌。

因此，我们只能部分接纳科恩的亚文化风格理论。稍后我会更细致地考察亚文化的整个符号化过程，据此重新考量父辈文化与青年文化的关联。不过，我们暂时不展开，以免这些异议贬低科恩整体的贡献。毫不夸张，将风格解释为对波及整个共同体的变迁的编码式回应，其实已经变革了传统奇观式青年文化研究，《通过仪式抵抗》中收录的大部分研究都以此为前提进行假设。研究者们利用葛兰西的霸权概念，将接二连三出现的青年文化风格解释为符号性抵抗；它们是战后普遍存在且往往被掩盖的不满情绪的奇观式症候。这种解读风格意义的方式提出了值得进一步研究的问题，《通过仪式抵抗》中的亚文化研究方法为后续研究奠定了基础。让我们从具体情形（specificity）这一概念着手。

第二节　具体情形：两代泰迪男孩

如果从《通过仪式抵抗》中的文化定义出发：文化指的是"一种层面——在其中的社会群体各自发展出自己独有的生活模式，赋予其社会生活与物质经验一定的表现形式"。因而，每一种不同的亚文化都代表了他们对"社会存在的原料"的特殊调用方式。但这种"原料"究竟指什么？马克思告诉我们："人们自己创造自己的历史，但是他们并不是随心所欲地创造，也不是在他们自己选定的条件下创造，而是在直接碰到的、既定的、从过去承继下来的条件下创造。"（Marx，1951）因此，持续被转化成文化（继而转化为亚文化）的"材料"（material）（例如社会关系），不可能是彻底的"原料"（raw material）。它一定会被其他因素影响，因其身处的历史语境发生变化，因所分属的特定意识形态领域产生特殊的形态与意义。

除非我们基于本质主义范式，认为工人阶级是超历史性真理的化身，并且势不可挡，否则，我们就不应当认定亚文化的回应能够准确揭示出资本主义下的社会关系，或者说它一定与亚文化群体在资本主义体系中的物质地位直接对应。[11]奇观式亚文化群体所表达的是一套想象出来的关系。建构出亚文化群体的原料既存在于现实当中，也存在于想象里，特定亚文化的成员通过多种中介渠道（例如学校、家庭、工作、媒体，等等）感知到这些原料，而这些材料也会被历史变迁左右。每一种亚文化都表示一种特定境遇下的"处理方式"，都是为了应对特定的困难与冲突。例如，摩登族与泰迪男孩不同的"处理方式"，所对应的是不同情势（conjecture）。情势不同，他们与现有文化形态（移民文化、父辈文化、其他亚文化、主流文化）的相对位置也就不同。我们可以聚焦他们中的一个来更清楚地说明这一点。

在泰迪男孩亚文化史上有过两次重大运动（一次发生在 20 世纪 50 年代，另一次发生在 20 世纪 70 年代）。尽管 70 年代的泰迪男孩亚文化跟 50 年代的一样，都对黑人移民群体充满敌意，但 70 年代的泰迪男孩与父辈文化，以及与其他青年文化之间的关系则不同于 50 年代的泰迪男孩。

50 年代泰迪男孩亚文化与 70 年代泰迪男孩亚文化有明显的共同特征：成员间都流行表示"禁欲"与"危机"的词语，虽不完全相同，但十分相近；更重要的是这两个时期，黑人移民大大挤占了就业与租房市场，影响了白人"生活质量"，两代泰迪男孩都为此感到忧虑。不过，更关键的是两代人的差异。70 年代兴起了一种另类的主流工人阶级青年文化（即朋克文化），朋克大力声援西印度生活方式的某些方面，这是 50 年代泰迪男孩亚文化不曾面对的。50 年代泰迪男孩曾掀起一场新式反叛。乔治·梅利[1]（1972）形容他们是"流行文化的黑暗先锋"，他们虽然人数不多，却遭到媒体与父辈铺天盖地的攻击，被认为是英国走向衰落的标志。到了 70 年代，"复兴"的理念反倒赋予了泰迪男孩一种合法性。毕竟，英国社会掀起一阵又一阵短暂的风潮，实在叫人眼花缭乱，真正常驻的只有泰迪男孩，他们继承了真实的英国传统，尽管不一定都是好的。

因此，伦敦的一些城区多多少少可以接纳这些复兴泰迪文化的青年。工人阶级成年人（当中既有 50 代泰迪男孩，也有没加入过亚文化群体的正派人士）出于对 50 年代的怀旧情绪，一边借着零碎的记忆回想当年那个更加稳定和体面的社会，一边宽容对待 70 代泰迪男孩，甚至泛出隐隐的慈爱。这种"文化复兴"召回了已然远去的安逸岁月，叫人缅怀起当时清教徒式的节制与高尚的价值观，还有当年对未来美好生活的信念。剥除具体的时代语境，70 代泰迪男孩乘着怀旧大潮摆出一副天真烂漫的样子，电视里一会儿是《欢乐时光》[2]，一会儿是滚动播放的阿华田广告。讽刺的是，亚文化本来是对社会变迁夸张的符号式回应，现在，它的复兴形式反倒彰显了社会生活的

---

[1] 乔治·梅利（George Melly，1926—2007）：英国爵士歌手、评论家、作家。

[2] 《欢乐时光》（*Happy Days*）：一部美国情景喜剧，1974—1984 年播出，讲述了 20 世纪 50 年代中期到 60 年代中期美国中西部生活的理想化场景。

连续性。

更泛泛地说，两代泰迪男孩的行为方式都是对特定历史境遇的回应，成形于截然不同的意识形态氛围下。到了70年代末，大张旗鼓的经济重建措施已经不可能再争取到工人阶级的响应；"吃苦耐劳""期待未来"这类鼓舞人心的口号再没人买账。对工党和整体国会政治的幻灭情绪在工人阶级中扩散开来。福利国家的衰落，经济下行，就业市场持续低迷，住房持续紧缺，共同体的消逝，消费主义掩盖真实需求，一再发生的劳资纠纷、工厂倒闭与罢工抗议，这一切都叫人感觉社会收益递减，完全不同于早年困境下的乐观主义氛围。部分原因必然是人们重新诉诸"二战"意识形态来解释战后社会的变化——1973年前后兴起了战时爱国主义精神，面对持续不断的劳资纠纷、石油危机和"一周三天用电政策"，人们试图通过寻觅敌人以得到解答[1]。以外，一个"德国人"的具体形象被用来取代了类似"法西斯"的笼统表述。适逢黑人共同体逐渐壮大，种族主义自然就成了工人阶级面对生活困境时更可行且可靠的方案。

在此之上，70年代泰迪男孩穿衣举止的内涵都跟50年代泰迪男孩不一样。显然，人们已经忘记泰迪男孩风格

---

[1] 英国保守党政府在1973—1974年推出的一条政策。当时煤矿工人与铁路工人有组织的罢工行动使发电受到很大限制。为了节约用电，电力商业用户每周只能连续三天用电。

最早是从上层阶级风格中"盗取"的，这一过程中所蕴含的转译特性也早已消失，无可挽回。更进一步说，两代泰迪男孩的招摇姿态与性挑衅行为也有不同意义。50年代的泰迪男孩自恋，跳着牛仔舞张扬肉欲，同梅利所谓的"好男孩们打乒乓球的灰色暗淡世界"（1972）暗暗较劲；70年代的泰迪男孩则固守人们对传统"坏蛋"的刻板印象，更露骨，也更反动。在年代久远的唱片声中，70代的泰迪男孩身穿足以成为博物馆藏品的古着，复兴50代泰迪男孩的性习俗（例如主动献殷勤和求爱）以及趾高气扬的大男子主义（一种沙文主义、百利护发霜与突发暴力的"奇特"混合物）——这种大男子主义已在父辈文化中作为阳刚之气的典范，不为战后"纵欲社会"的狂乱过剩所动。

这些因素导致了第二代泰迪男孩亚文化与其父辈文化更亲近，而与其他时兴的青年文化（朋克文化、北方灵魂乐热、重金属摇滚族[12]、足球迷、主流流行乐迷、"正经人"，等等）拉开距离。因此，即使两代泰迪男孩都崇拜同一批偶像（猫王、艾迪·科克兰[1]、詹姆斯·迪安[2]），都留飞机头，阶级地位也相近，在1978年穿开襟外套

---

[1] 艾迪·科克兰（Eddie Cochran, 1938—1960）：美国50年代摇滚明星。

[2] 詹姆斯·迪安（James Dean, 1931—1955）：美国著名演员，英年早逝，一生仅出演过三部电影（《伊甸之东》《无因的反叛》《巨人》），在1999年被美国电影学会选为百年来最伟大男演员的第18名。

（drape coat）跟在 1956 年穿开襟外套不是一回事，情势与具体情形这一对姊妹概念意在说明，任何一种亚文化表征的都是一个独一无二的"时刻"，都是对一套特定情境的特殊回应，因此分析亚文化风格时离不开情势与具体情形。

第三节　风格的由来

我们已经看到，经由亚文化编码的生活经验成形于各类场所（工作场所、家、学校，等等）。每一个场所都会向个体施加其独有的结构、规则与意义，以及价值序列。这些结构勾连到一起，遵循着句法规则，既因差异（家相对于学校，学校相对于工作场所，家相对于工作场所，私人空间相对于公共空间，等等）也因相似而彼此相连。套用阿尔都塞公认的复杂术语，可以说这些场所构成了同一种社会构型的不同层次（level）。阿尔都塞不厌其烦地指出，尽管这些结构具有"相对自主性"，但在资本主义社会中它们还是围绕资本与劳动力之间的"基本矛盾"相互勾连（可特别参考 Althusser 1971a）。社会构型不同层次之间复杂的相互作用可以在主导群体与从属群体的生活经验中被再生产，而这些生活经验又会反过来成为"原料"，进而被文化与亚文化以特定形式表现出来。如今，主要是出版物、电视和电影等媒介在组织、解读生活经验，并协调它们之间的矛盾，让它们像现实生活中那样凝聚起来。因此，如果我们发现编码在亚文化里的很多事物其实早已经过媒体的处理，也没什么好惊讶的。

而在战后英国社会，亚文化风格中意味深长的成分一方面展现了青年在经历了工人阶级生活制度性框架变迁后的反应，另一方面也发挥了霍尔所说的媒体的"意识形态效果"[13]的功能。霍尔称，媒体"持续不断地殖民文化领域与意识形态空间"：

> 由于社会群体与社会阶级都生活在一定的生产关系或"社会"关系中，而如今不同社会群体、阶级的生活经验日益撕裂，分化日益严重，因此大众媒体更要承担起这些职责：一、树立标准，帮助社会群体与社会阶级形成有关其他群体与阶级的生活、意义、实践与价值观的图景；二、构建意象、表征与理念——人们可以利用这些意象、表征与理念清晰地把握由独立分散的碎片组成的社会整体。（Hall，1977）

因此，社会团结图景的可信度，只能靠挪用、重新定义这种社会团结图景的抵抗文化（例如工人阶级青年文化）来维系。这样一来，媒体不仅用大量不实的形象描绘各种群体，还向工人阶级"传递"他们自身的生活"图景"——一幅被意识形态话语压制、框定、团团包围的图景。

显然，亚文化不是文化的特权形式；它们无力超脱生产与再生产的自反性回路，这一回路至少象征性地将独立分散的碎片连成了社会整体。至少在某种程度上，亚文化是这些表征的表征，那些取自工人阶级生活（以及社会整体）"图景"的个别元素必然能在各种亚文化的表意实践（signifying practices）中找到对应。我们没有理由假定，亚文化只会自发同意那些被广播与报纸视为异己的、被封禁的"解读"（例如对从属地位的自觉意识、社会冲突模式，等等）。它们或多或少也会接受或体现那些受主导意识形态偏爱、被权威大众媒体肯定与传播的意义与阐释。在"我是谁/什么"的问题上，典型的工人阶级青年文化会赞同一部分主导定义的内容而反对另一些，它们不仅与工人阶级成年文化共享大量意识形态观点（两者都有无声抵抗的传统），而且与主导文化也存在意识形态上的相似（至少是与更易理解、更"民主"的主导文化间）。

例如，我们可以根据工人阶级青年所面对的向上与向下流动的机会来阐释摩登族与光头党的兴起，而这并无法显示，摩登族普遍在 1964 年获得的工作机会与光头党在 1968 年获得的工作机会相比，两者有什么社会地位上的显著差异（而人口普查结果也许确实会揭示这一差异）。这一阐释也无法直接体现1964年到1968年间，工人阶级青年工作机会整体减少。相反，两种风格以及组织并决定了它们的意识形态，其实是对一种矛盾的阶级神话的协商式回应。这种阶级神话是对（工人阶级）传统整体生活方式的浪漫化，其中纯粹的"阶级性"自相矛盾地反对着"阶级已经消逝"的观点，我们可以在每周放送两次的《加冕街》等电视剧中看到这种浪漫化的呈现。摩登族与光头党以各自的方式"调用"着这则神话叙事和亟待应付的物质条件。他们学着生活在大众媒体制造的无定形影像与典型生活当中，或学着活在那之外——在这些影像与典型生活中，阶级时而被无视，时而被夸大，时而被否认，时而显得滑稽可笑。

同样，朋克也不仅仅是对失业率攀升、道德标准改变、贫穷再度来袭，以及大萧条等变迁的直接回应，它还夸张地表现了所谓"英国衰落"的态势：朋克构建了一套语言以挑战"摇滚建制派"的主流辞令。他们骂脏话，侮辱"爵士肥仔"，衣衫褴褛，一副下层姿态。朋克挪用广播与社论中无处不在的危机叙事，并将其转化为肉眼可见的具体词汇。20世纪70年代末失业率大幅攀升，诺丁山狂欢节、格伦威克、刘易斯安和拉德伍德发生数起暴力，在这样的晦暗末世氛围中，朋克顺势将自己塑造为"堕落者"，他们用自己来标志国人皆知的大衰败，完美地映射出大不列颠的衰落。朋克们各式的风格组合无疑真实地表达了其攻击性、挫折感和焦虑，但不论表达方式多么诡异，他们还是在使用一种人人都能使用的语言。首先，这说明朋克的隐喻可以同时被亚文化成员与亚文化反对者所理解；其次，这也说明朋克亚文化的奇观式策略成功了：它的确是一组当代问题的症候。朋克所使用的语言也解释了为何亚文化可以持续吸引新成员，为何家长、教师、雇主、"道德人士"（地方医院、学者和议会议员）会产生道德恐慌，为何他们愤慨不已。亚文化为了传播混乱，首先要选择合适的语言，即便选中它是为了颠覆它。朋克要想成为众人厌弃的混乱，就需要让人们领会它这种"噪音"。

现在，我们逐渐可以理解，为何人们说鲍伊崇拜是一个性别现象而不是阶级现象。我们也可以着手驳斥那些将"真实的"工人阶级文化的合法关切直接与工人阶级生产领域对应起来的批评家。

鲍伊们当然不会用任何直接的手段来解决在车间和教室里的常见问题，也就是那些涉及与权威的相对关系的问题（反叛还是尊重，选择向上还是向下流动，等等）。尽管如此，他们还是试图在父辈文化和主流意识形态之间的某个地方，协商出一个有意义的中间空间——一个可以发现和表达另一种身份的空间。他们在这个意义上追求他们想要的一定程度的自主性，这也是所有青年亚文化（和"反文化"）的特征。与光头党前辈大相径庭，鲍伊派直面更露骨的沙文主义（性、阶级、领地），或热心或冷淡地试图回避、颠覆或推翻它们。他们挑战牢牢植根于其父辈文化的传统工人阶级清规戒律；抵制媒体用这一清规戒律代表工人阶级；并挪用电视剧和电影（如70年代初的怀旧热）、杂志和报纸（高级时装、女权主义的商品化形式以及如《世界主义者》）中的意象、风格与意识形态，以构建一个另类身份，传达一种可感知的差异：一种他者性。简而言之，他们在符号层面挑战阶级和性别刻板形象的"必然性"和"自然性"。

第六章

第一节　亚文化：反常的断裂

> "整整 48 个小时，我都觉得自己很不干净。"
>
> —— G.L.C. 议员观看性手枪乐队的演出后
> 评论，《新音乐快递》1977 年 7 月 18 日刊

> 在所有社会制度中，（语言）是最不为革新力量
> 所动摇的。语言与社会生活融为一体，而社会生活在
> 本质上是惰性的，社会生活是首要的保守力量。
>
> —— 费迪南·德·索绪尔

亚文化是"噪音"（与"声音"相对）：它干扰真实事件或现象从发生再到媒体表征的正常顺序。因此，我们不应低估奇观式亚文化的表意力量，它不仅是"外在于实在世界"的无政府力量的隐喻，也是真实存在的语义紊乱

机制：它是表征系统暂时的阻塞物。约翰·梅帕姆（John
Mepham）在1972年写道：

> 我们言说、思考世界时，必然会谈到一致，谈到
> 差异。一致与差异不仅与我们的现实生活息息相关，
> 它们还具有强大的认知功能，是我们理解生活经验的
> 重要途径，因此想在理论上挑战一致与差异的分析范
> 畴实属不自量力。

任何对主流语言学范畴与意识形态范畴的省略、删节
或合并都可能带来严重后果——叫人失去方向。这种方
向上的偏移短暂地暴露了符码的任意性，而那是所有话
语形式赖以成形的基础。斯图亚特·霍尔于1974年指出
（他在这里说的是明显的政治性偏移的情况）：

> 公认的规范体系中，那些突如其来的"无意义"
> 的新变化对常规世界构成了威胁。它们不仅挑战了
> "世界是什么样的"的观念，还质疑"世界应该是什
> 么样的"的观念。它们"打破了我们的预期"……

围绕语言神圣性的观念与关于社会秩序的理念息息相
关。人们认可的语言表达是由某些仿佛普遍存在的禁忌反

向规定的。这些禁忌确保了意义始终"清晰易懂"（即意义的理所当然）。

既然社会世界围绕被认可的符码展开，人们又借由被认可的符码体验生活，那么可想而知，反抗这些符码的行为必然蕴含了巨大的抗争与破坏力量。用玛丽·道格拉斯[1]的话来说，这是"神圣的对立面"。而列维·施特劳斯发现在特定的原始部落迷思中，错拼词语、误用语言会和乱伦一起被归为骇人的异常行为，它们会"引发暴风骤雨"（1969）。奇观式亚文化同理，它以违规形式（穿不合礼法的衣服、不按规范行动、违反法律等）表达禁忌之义（阶级自觉与差异自觉）。它们亵渎神圣，通常被直接定义为"反常"。在写到那些穿衣打扮与行事作风一看就是亚文化成员的年轻人时，小报称他们为"怪胎"，或是"田鼠一类的动物，只敢成群结伙地搞破坏"[1]。这似乎显示了亚文化群体可以唤起人们最原始的焦虑——自然与文化的神圣分界线就要被打破。破坏规则与"缺乏规则"成了同一回事，后者在列维·施特劳斯看来似乎是"区别自然进程与文化进程的最佳标准"。当然，对朋克文化（尤其是对性手枪乐队在电视节目[2]和唱片里[3]骂脏话，以及对发生在希思罗机场[4]的呕吐事件与吐口水事件）的官方

---

[1]　玛丽·道格拉斯（Mary Douglas, 1921—2007）：英国人类学家，因其对人类文化与象征主义的作品闻名，著有《洁净与危险》等。

回应似乎表明，哪怕是在当代英国，基本的禁忌也还是根深蒂固。

第二节　两种收编形式

> 这个唯美至上的社会，从某种程度上而言不也整合了曾经盛行的浪漫主义、超现实主义、存在主义，乃至马克思主义吗？通过交易，主义成为某种形式的商品，这一整合确实发生了。那些曾遭人唾弃的东西如今成为文化消费品，消费吞噬了那些本应给予意义和指引方向的东西。

> ——亨利·列斐伏尔

我们已经看到，亚文化"打破了我们的预期"，是对符号秩序的符号威胁。但是亚文化是否总能被主流文化有效收编？如果可以，它们又如何被收编？每一种奇观式亚文化兴起时，媒体都是一片沸腾。媒体的态度经常摇摆不定，在惊恐与着迷、愤怒与欢愉之间来回波动。震惊与恐慌占据报纸头版（例如《每日镜报》1977年6月28日刊登的《罗滕被剃须刀刺伤》[1]），而翻开内页，社论全是

---

[1]　指罗滕与他两位伙伴在伦敦一家酒吧里被突然闯入的9名帮派分子刺伤。攻击者使用的器械是刀子与剃须刀，罗滕脸部与手臂受伤，后被送进医院。

"严肃"评论[5],跨页版面或增刊中则充满对最新潮流与仪式活动错乱的描述。报纸对风格的反应尤其两极分化:在时尚板块中,风格是一种另类流行;而在那些认为亚文化是社会问题的文章里,亚文化风格显得滑稽可笑,遭人唾弃。

大多数时候惹媒体注意的是亚文化风格的创造力,而后续那些越轨行为或反社会行为(例如破坏公物、骂脏话、打架,以及"动物般的行径")则是由警察、法官、新闻界"曝光"的,这些行为被用来解释为什么亚文化青年一开始要打破穿衣规范。实际上,无论是越轨行为还是与之密切相关的服装(更常见的是两者相结合)都是道德恐慌的催化剂。就朋克亚文化而言,媒体对朋克的报道几乎正好撞上了人们发现或编造"朋克越轨行为"的时间:《每日镜报》第一次发布对亚文化的骇人系列报道,适逢性手枪乐队做客《今日泰晤士》节目并引发公众热议,报道集中描述了朋克怪异的服装与珠宝饰品。而摩登也许因为风格比较低调,直到1964年假日海岸爆发冲突之前都没被当成一个亚文化群体,尽管它作为亚文化已经发展得很成熟(至少在伦敦是这样)。无论是哪一桩事件放大了亚文化效应,事件的最后,亚文化风格总是同时扩散和没落。

随着亚文化词汇(包括亚文化的视觉风格与亚文化口头用语)日渐为人熟知,以及亚文化逐渐成为一个有暴利可图的市场，那些可以用来定位理解亚文化的语境也日渐清晰。最后，摩登族、朋克和华丽摇滚乐手都被收编，一同被拉回正轨，退回主导文化所青睐的"问题重重的社会现实地图"（Geertz，1964），在这里，抹口红的男孩只是"爱打扮的小鬼"，穿橡胶紧身裙的女孩也只是"普通人家的小孩"。斯图亚特·霍尔注意到，媒体不只记录青年的反叛，还会把反叛框定在"主导文化的意义框架"之内。于是在电视与报纸的报道下，本来选择栖居于奇观式亚文化的青年男女又回落到常识领域，人们又能给他们套上常见的形容词，其中包括了"动物般的"，还有"家中待业""失业青年""弄潮儿"等等。借由这一持续的修复操作，瓦解的秩序恢复了，亚文化则被收编为一种消遣奇观，纳入主导的神话体系：在那里，它成为神话中的"民间恶魔"、他者、撒旦。而要进行修复，有两种典型模式：

1）商品化：将亚文化符号（服饰、音乐等）转化成可批量生产的物品；

2）意识形态手段：主导群体（警察、媒体与司法机构等，即意识形态机构）给反常行为贴标签，将其重新定义。

第三节　商品化

新闻记者与学者们已经全面分析过亚文化符号的商

品化过程。有多个产业为奇观式亚文化提供服务，依此攫取利润，而亚文化与这些产业的关系是出了名的暧昧。毕竟，绝大多数时候人们想到亚文化，第一反应都是消费。它只能出现在休闲场所（"我不可能穿着朋克装去工作——凡事都有合适的时间和地点"）。尽管亚文化商品故意曲解或颠覆附着于它的意义，但亚文化风格仍需借由商品传达，因此，在亚文化中，我们很难将商品化利用与创造性/原创性一分为二，即便二者在多数亚文化体系中是绝对对立的。一种新风格的创造与传播必然涉及生产、推广与包装这一系列过程，亚文化的颠覆性力量必然会在其中消解，无论是摩登还是朋克的创造力都会直接反哺高端时尚和主流时尚。每一种新亚文化都掀起新风尚，催生潮流装扮与流行音乐，而这些新事物又都会反哺相应产业。约翰·克拉克观察到：

> 青年风格走出亚文化群体并进入时尚市场并非简单的"文化过程"，它标志着一种服务于新型商业与经济制度的网络与基础设施已经建立。小型唱片店、小型唱片公司、小型时装店、一两个女人的制造公司，是这些工匠资本主义的变体呈现了商业"操纵"的辩证运动，而不是那些更普遍、更一般的现象。

但是，我们也不能说"文化"过程与商业化过程有绝对的自主性。列斐伏尔于 1971 年提出，"交易既是社会现象，也是智识现象"，商品在进入市场前已经满载意义。用马克思（1970）的话来说，它们是"社会性象形文字"[6]，其含义又为人们的习惯用法所影响。

因此，一旦那些代表"亚文化"的创造成为商品，并且变得人人都能买得起时，它们就会面临"僵化"（frozen）。一旦小型企业家与大型时尚公司让这些创造脱离了私人语境，开始批量生产，它们就会被整理，变得容易理解，成为公共财产与有利可图的商品。可以说商品化融贯了两种收编手段（一种是符号学意识形态上的收编，一种是"现实的"商业上的收编）。青年文化风格在一开始发起了符号的挑战，但最终不可避免地建立起新的惯例。它们创造了新的商品、产业，甚或重振了旧产业（例如，朋克肯定大大振兴了男装店）。这些事件与亚文化的政治倾向无关——嬉皮士时代的大餐馆、工艺品商店和"古董市场"很容易被改造成朋克的时装店和唱片店；它也和亚文化风格的惊世骇俗内容无关——1977 年夏天，朋克服装与徽章都可以邮购到，同年 9 月，《时尚》杂志（*Cosmopolitan*）评论了赞德拉·罗德斯[1]的最新高级时装

---

[1] 赞德拉·罗德斯（Zandra Rhodes, 1940— ）：英国时装设计师，她在 1977 年以朋克衣着为灵感设计了高级时装系列——概念时尚（Conceptual Chic）。

系列（这一系列完全由朋克风格的变体组成）。模特们在大量安全别针和塑胶制品（别针上点缀了珠宝，丝滑的绸缎材质有一种"塑胶感"）的衬托下性感迷人，文章以一句箴言收尾，"震惊就是时尚"，而这也预示着亚文化即将消亡。

第四节　意识形态手段

第二种收编方式是动用意识形态的手段，研究越轨行为间互动模式的社会学家们曾就这一手段进行了充分探讨。例如，斯坦·科恩详细描述了一种特定类型的道德恐慌（围绕着 60 年代中期摩登族与摇滚族之间的冲突）如何出现，又为何挥之不去。[7] 尽管这类分析足以高明地解释为何奇观式亚文化总是突然激起慌乱，但也往往忽略了用于处理和遏制潜在威胁性力量的更微妙的机制。"民间恶魔"这个词反映出人们往往过于关注小报上耸人听闻的报道，忽视更加暧昧的反应，毕竟它们太过平淡无奇。我们已经看到，媒体报道亚文化的方式同时加重与减轻亚文化本身的怪异感。亚文化青年可以同时是可怕的外星人和活泼的孩子，是野兽也是家养宠物。罗兰·巴特创造了一个词来形容这种矛盾，即"同化"（identification），这也是标志着资产阶级神话学元语言特征的七种修辞格之一[1]。巴特认为小资产阶级"想象不出'他者'……他者不可原谅，威胁了他们的存在"（Barthes，1972）。

为了应对这种威胁，小资产阶级想出了两个基本策略。第一，他者可以被轻视、归化与驯化。这时，差异即被简单地否定（"他者性沦为同一性"）。第二，他者可转为无意义的异族事物，只是"单纯的物件、景观乃至小丑"（Barthes，1972）。在这种情况下，差异会因为无法分析而被打发掉。一直以来，奇观式亚文化都如此被定义，例如足球流氓就因逾越"正常礼节"而被划归为"动物"。（"这些人不是人。"——1977年3月12日星期日，《十点新闻》节目中一位足球俱乐部经理如此说道。）（参见斯图亚特·霍尔对足球流氓媒体报道的分析，收录于1978年出版的《足球流氓》[Football Hooliganism：A Wider Context]文集。）但另一方面，媒体又把朋克重新放置到家庭语境中，这也许是因为亚文化成员往往故意隐瞒自己的出身，拒绝承认自己的家庭，甘愿成为民间恶魔，好像自己不过是些物件和邪恶的小丑。当然，跟其他青年文化一样，朋克文化也被看作是对家庭秩序的威胁。偶尔这种威胁会被

---

[1] 七种修辞分别是：思想接种（即袒露局部的恶来掩盖根本的恶）、历史的丧失、同化、同义反复（比如，他之所以如此是因为它就是这样）、非此非彼（表述正反两方，彼此平衡，最后将两者都否决：既然可以相互补偿，那便没有好恶之分了）、量化与事实确认（箴言式表述）。详细内容可进一步参考《神话修辞术》。

赤裸呈现。例如，1977 年 8 月 1 日，《每日镜报》刊登了一张照片，照片中一个孩子在某次"朋克对战泰迪男孩"的冲突后躺在马路上，报道标题为《朋克摇滚对战下的受害者：落入暴徒之手的男孩》。这时，朋克给家庭造成的威胁便因为确凿的照片证据而变得"真实"（那可能是我的孩子！）。

不过，其他一些时候，媒体也会呈现朋克的另一面。不管是什么原因，的确有大量文章狂热地谴责朋克新近的暴行，但也有诸多文章热衷于介绍朋克家庭生活的微小细节。例如，1977 年 10 月 15 日《妇女界》杂志[1]上刊登了一篇题为《朋克与母亲》的文章，强调朋克的无阶级性与奇装异服。8 照片上的朋克青年和面带微笑的母亲一起躺在家庭泳池一旁，和小狗开心玩耍。这张照片下方的文字强调了朋克也是普通人："他不像表面上看起来那样摇滚和可怕……玩朋克也可以是桩家务……可以非政治地朋克起来。虽然几乎没人意识到这一点，但事实情况是约翰尼·罗滕就跟休·格林[2]一样家喻户晓。"整个 1977 年的夏天，《人民报》和《世界新闻报》都刊登了对于朋克生孩子、朋克兄弟还有朋克式婚礼的报道。这些文章都想把

---

[1] 《妇女界》（*Woman's Own*）：英国女性生活杂志，创刊于 1932 年，内容涵盖名人八卦、真人真事、时尚美妆、购物优惠、健康生活和饮食旅游信息。

[2] 休·格林（Hughie Green，1920—1997）：英国广播电视节目主持人。

朋克风格张扬的"他者性"降到最低，并反过来用朋克坚决抵制和否认的事物定义他们。

再次提醒读者，我们不该绝对区分针对亚文化的意识形态收编与商业化收编。朋克音乐人"屈从"于市场，媒体纷纷借此证明朋克青年"也不过是人"，这时，女孩们象征性地重回家庭，越轨行为也被原谅了。音乐杂志上全是人们熟知的成功逸事，说着衣衫褴褛的朋克如何飞黄腾达：朋克音乐人飞往美国，银行职员成了杂志编辑或唱片制作人，愁眉苦脸的女裁缝一夜之间成了成功的女商人。当然，这些成功故事的含义也模棱两可。就像所有的"青年革命"（例如垮掉一代的狂潮、摩登族横空出世，还有60年代摇摆舞大流行）一样，少数人的相对成功让人觉得年青一代充满活力，生活在向前进，有着无限的上升空间。这最终夯实了社会开放的图景，即便朋克亚文化的初衷是唱反调，一度大谈失业、高昂的生活成本，以及有限的阶级跃升的机会。巴特写道："最后，神话总是能意指那些原本为了反抗它而生的力量"，神话会采取的典型手段是强行施加其意识形态，用"艺术家创造力的童话叙事"[9]取代"每个人有意识"[10]创造的艺术形式，用被人评判、摒弃或牟利的"音乐"取代"噪音"（一种逻辑通顺且自我构成的混乱）。最后，亚文化历史变成了少数不守规矩的撒旦式天才的故事，用EMI唱片公司总经理约翰·里德爵士的话来说："一旦时机成熟，他们就会完全被大众接受，而且能为现代音乐的发展做出巨大贡献。"[11]就这样，神话获胜了。

第七章

第一节　风格：一种有意图的沟通

衣服替我说话。

——翁贝托·埃科

从对立到间离，从抵抗到收编，每种亚文化都会经历这个循环。我们已经看到媒体与市场如何参与到这一循环，现在我们必须转向亚文化本身，思考亚文化风格传达了什么意义，又是如何传达的。我们必须要问两个问题，即使它们有些互为悖论：亚文化如何向其成员传达意义？亚文化如何表意无序？为了解答这两个问题，我们必须更确切地定义风格。

在《影像修辞学》中，罗兰·巴特对比了"有意图的"（intentional）广告影像与"无辜的"（innocent）新闻照片。两种影像都是对特定规范与实践的复杂阐述，但新闻照片比广告图像显得更"自然"而透明。巴特写道："影像的意指一定是有意图的……广告影像的意图很明显，或至少可以说会被着重强调。"巴特对广告与新闻的区分也适用于亚文化风格与"常规"风格。亚文化风格化的组合（那些意图明显的服饰、舞蹈、黑话、音乐，等等）与更常规的风格形式（"普通"西服与领带、休闲服、两件套，等等）之间的关系就是广告图像与建构感不浓厚的新闻照片之间的关系。

当然，符号学家也反复强调，意指不一定都是有意图的。翁贝托·埃科在1973年写道："不仅那些明确意在传达交流什么的事物，其实一切东西都可以被当作是某种符号。"例如，街上男男女女的平凡衣着也受经济水平、"品味"与偏好等所限，因此对于服饰的选项也无疑传达了某些意义。每套服装都在服装的内在差异系统（即传统服饰话语模式）中占据一个位置，对应一个社会角色与社会选项[1]。这些选择包含了一整套信息，这些信息则通过一套环环相嵌（包括阶级与地位，自我形象与吸引力，等等）且精细分级的差异得以传达。最终，不出意外，它们在"越轨"的衬托下表达了"正常"（也就是说，正常与越轨的区别在于两者的相对不可见性、合时宜性与"自然性"）。然而，有意图的交流是另一套秩序。它特立独行，是一个肉眼可见的建构过程，也是一个充满意义的选择。

它将注意力引向自身，其本身即有待解读。

这就是亚文化奇观式的视觉组合与周围文化（群）所青睐的视觉组合的不同之处。亚文化的视觉组合显然是有意而为（即便是在正人君子与越轨分子之间摇摆不定的摩登族，一旦成群结队出现在舞厅外面或是海边，就宣告自己不属于正经世界了）。它们展示着自己独特的规范（例如朋克的破布 T 恤），或至少证明了那些规范可供使用，也可以滥用（例如，亚文化物件的组合是思考后的结果，而不是随随便便被扔在一块儿）。在这一点上，亚文化视觉组合与主流文化背道而驰。据巴特所言，主流文化倾向于伪装成自然的结果，用"自然化"形式替代历史性形式，把世界的实在转为世界的影像，而世界的影像又反过来好像遵从了"自然秩序毋庸置疑的法则"（Barthes, 1972）。

我们已经看到，在这一点上亚文化可以说违背了"人的第二自然"法则。[2] 亚文化风格发明者重新定位商品，为其提供新的语境，从而颠覆了商品的传统功用，发明出新的功能。这样一来，亚文化风格就揭开了阿尔都塞所谓的"日常实践的虚假自明性"（Althusser and Balibar, 1968），为物件提供了一系列新的隐秘的对立解读。因此，意指的"差异"（以及与之对应的群体身份的传达）是所有奇观式亚文化风格的"要点"所在。这是一个上位术语，其他所有意指都居于其下，并且其他所有信息都要借由这则信息表达。一旦我们认为最初的差异基本决定了后续一系列风格化的生成与扩散，就可以回过头来研究个别亚文化的内部结构。这时，我们就能回到开头那个类比：如果奇观式的亚文化是一种有意图的交流，或者借用语言学的术语说，如果奇观式亚文化具有"理据性"（motivated），那么它想传达与宣扬的是什么呢？

第二节　作为拼接（bricolage）的风格

> 人们习惯性地以为，一切不和谐的元素的融合体都是"怪物"……而我称"怪物"是所有原创的、取之不尽的美。
>
> ——阿尔弗雷德·雅里 [1]

目前为止我们所分析的亚文化，其成员大多是工人阶级，而除此以外，这些亚文化还有一个共同特点，那就是它们很明显是一种消费文化（即便光头党与朋克直白地拒绝了某种特定类型的消费），这些独特的消费仪式与风格揭示了亚文化成员"秘密"的身份，并传达了禁忌之义。

---

[1]　阿尔弗雷德·雅里（Alfred Jarry, 1873—1907）：法国象征主义作家，其戏剧内容怪诞，影响了后来的先锋派和荒诞派戏剧。

我们基本可以认为，正是亚文化使用商品的方式，使得亚文化不同于正统文化形式。

　　人类学的发现有助于分析亚文化消费方式，特别是"拼装（就地取材并重新编组）"（bricolage）[1] 的概念可以用来描述亚文化风格的建构过程。在《野性的思维》当中，列维·施特劳斯提出，原始部落民的魔法模式（迷信、巫术、神话）是事物之间彼此联系的系统，尽管这个系统在外人看来很费解，但其实具有内在的一致性，部落民可以根据这个系统"思考"自己的世界。这种事物彼此联系的魔法系统有一个共性，即它们可以无限延伸，因为基本元素可以在各种即兴组合中产生新的意义。因此，在最近的研究中，"bricolage"被定义为"具体的科学"，澄清了其最初的人类学含义：

　　　　"拼装"指的是所谓"原始"人在不识字、不懂

――――――――――――

[1]　出自《野性的思维》，李幼蒸将其译作"修补术"。从事修补术的人就是修补匠（bricoleur），他们与工程师不同，无法根据设计方案获得相应的零部件，只能利用手边现成的东西。列维·施特劳斯这样描绘修补匠的工作："他必须转向已经存在的一组工具和材料；反复清点其项目；最后才开始和它进行一种'对话'（dialogue），而且，在选择工具和材料之前，先把这组工具和材料为其问题所能提供的可能的解答加以编目。他对组成他宝库的品类各异的物件加以推敲，以便发现其中每一项能够'意指'（signifier）什么，从而确定要加以实现的一个组合，但是这个组合最终将只在其诸部分的内部配置方面不同于那个作为工具的组合。"可见，施特劳斯是从"安于既定的限制并予以重组"，而非"扩大与更新工具"的角度解释"bricolage"的。因此，此处将"bricolage"译作"拼装（就地取材并重新编组）"。此外，bricolage 本是"自己动手做"的法文，在不同的学科之内有不同译法，本文按照文化研究一般译法，将"bricolage"译作"拼接"。

技术的情况下对周遭世界的反馈手段。这个过程是一种"具体的科学"（相对于我们那种"文明的""抽象的"科学），它根本不乏逻辑，实际上它拥有一种不属于我们文明的"逻辑"，可以依照这种逻辑仔细而精确地排序、分类、安排实体世界的细枝末节，建构出一种结构。这种结构——无论是"临时拼凑"（improvised）还是"拼凑"（made up）的（这两个词都是对"拼装者"工作过程的粗糙转译）——是对环境的在场反应，在自然秩序与社会秩序之间建立起同源或类比关系，因此可以令人满意地"解释"世界，世界从此成了人能生活其中的场所。（Hawkes，1977）

已经有研究者尝试使用"拼接"这一结构化的临时拼凑组合，发展出一种有关奇观式亚文化的理论，这种理论将亚文化看作交流的系统。例如，约翰·克拉克就强调亚文化拼接者（bricoler）如何激进改造、颠覆、拓展了一些重要的话语形式（尤其是时装）：

　　物件和意义组成符号，任何一种文化中，这类符号都会一再组合，构成一种特定的话语形式。然而，即便整体的符号组合不变，若拼接者改变了话语系统中意指性物件的位置；或干脆把物件放到另一种不同

的整体组合当中，便会构造一种新的话语形式，传达全新的信息。（Clarke，1976）

50年代初期，萨维尔街[1]上以富家子弟为客群的男装店掀起了爱德华风格复古潮流，而泰迪男孩窃取并改造了这种风格，他们的所作所为就是拼接。同样，摩登族也是拼接匠，他们挪用了另一套商品，把它们放到符号的组合里，抹去或颠覆其原本正经的含义。本用以治疗神经疾病的药物被用来刺激神经，本来备受尊敬的速可达摩托，现在却成了威胁群体团结的符号。金属梳子在同一套临时拼凑的把戏下被磨得跟剃刀一样锋利，自恋情结成了进攻型武器。英国国旗被印在邋遢的御寒大衣背面，要么干脆被巧妙地裁剪成夹克。还有一些更微妙的拼接，例如剥夺商业王国的传统象征（西装、领口领带、短发等），将其固有内涵（效率、野心、服从权威）转化为"空无的"恋物情结，这些物件成为人们渴望与爱抚的对象，只是因其存在就受人珍视。

我们可以用翁贝托·埃科的"符号学游击战"说法来形容这些颠覆性实践，尽管这样做有夸大其词的风险。这场战争虽然或许一开始只是亚文化个体成员无意识的

---

[1] 英国伦敦市中心梅费尔区的一个购物街区，高级男装店集中地。

行动（尽管从另一个层面来说，亚文化仍然是一种有意图的交流），但随着亚文化群体的出现，战争（或者可以说是一场超现实主义战争）的号角正式吹响了（Lippard，1970）。

当然，亚文化拼接一定与达达主义和超现实主义的激进美学实践（梦幻艺术、拼接艺术、"现成品"艺术等）有关。它们是"无政府主义"话语的典型模式。[3] 布勒东的超现实主义宣言确立了超现实主义的基本前提，即一种新的"超现实"诞生于如下行径：颠覆常识，瓦解主流逻辑范畴与对立关系（如梦想相对现实，工作相对游戏），高歌反常与禁忌。这种超现实的效果主要通过"两个或多或少不太相干的现实的并置"实现（Reverdy，1918）。布勒东认为这种手法就印证了洛特雷阿蒙那句怪异的话："美就像雨伞与缝纫机在手术台上偶然相遇。"（Lautréamont，1970）在《物的危机》当中，布勒东进一步将这种"拼贴美学"（collage asethetic）理论化，他的结论相当乐观，认为通过攻击日常生活的句法（即破坏最平凡的物件的使用方式），便可以煽动

一场彻底的物的革命：将物与一个新名字关联起来，并以这个新名字为其署名，就可以使物偏移其原初的目的地……像这样为了扰乱而扰乱，为了变形

而变形……重新组合的物将会具有一个共性：它们虽是来自我们身边的物，却在简单的角色转换后，与这些普通的物区别开来了。（Breton，1936）

马克斯·恩斯特[1]在1948年更隐晦地表达了相同的观点："践行拼接美学者是非理性的。"

很明显，超现实主义实践必然导向了亚文化拼接。亚文化拼接者们就像超现实主义拼接画的"作者"一样，总是将"两个明显不相容的实体（即旗帜与夹克；破洞与T恤；梳子与武器）并置在一个明显不合时宜的场合……而爆炸性的接合点正在于此"（Ernst，1948）。朋克最直接地展现了亚文化是如何使用这些无政府模式的。朋克也试图通过"扰乱与变形"的手段来破坏、重组物的意义。除此以外，他们也在寻找"爆炸性的接合点"。但如果这些颠覆性实践的确发挥了意指作用，它们意指什么？我们如何"解读"它们？就让我们单独以朋克文化为例，借由其仔细审视解读亚文化风格时会遇到的问题。

---

[1] 马克斯·恩斯特（Max Ernst, 1891—1976）：德国画家、雕塑家、图像艺术家及诗人，达达运动和超现实主义运动的主要领军人物。

第三节 作为反抗的风格：反抗型风格

> 在我们眼里，没什么东西是神圣的。我们的行动完全不是神秘主义、共产主义，或无政府主义的。这些运动都有其纲领，但我们只朝向虚无。我们唾弃一切，连自己也不放过。我们的标志是乌有，是真空，是空白。
>
> ——乔治·格罗兹[1]对达达运动的评价

> 我们如此美丽，如此美丽……如此虚无[2]。
>
> ——性手枪乐队

虽然朋克风格的攻击性露骨（例如 T 恤上写满了脏话），并直白地恐吓人心（例如穿着恐怖分子或游击队员的服装），但其风格的主要特征在于暴烈的"切割重组"。就像杜尚的"现成品"（这些人造物之所以被看作艺术品，完全是因为杜尚称其为艺术品），生活中最不起眼、再普通不过的东西（别针、塑料衣架、电视机零部件、剃须刀

---

[1] 乔治·格罗兹（George Grosz，1893—1959）：德国艺术家，因对 20 世纪 20 年代柏林生活的绘画而闻名，是魏玛共和国时期柏林达达运动的重要人物。

[2] 原句将"虚无"（vacant）写作"vac-unt"，"cunt"于俚语中有"讨厌鬼""（女）疯子"之意，一语双关。

刀片、卫生棉）都可以成为朋克的时尚（非时尚）单品。任何东西，无论其合理与否，只要它的"自然状态"与建构语境之间存在明显的断裂，那么它就构成薇薇安·韦斯特伍德口中的"对抗性着装"元素（规则似乎是：如果帽子不搭，那戴上它就没错）。

从最肮脏的地方借用来的物品在朋克行头这儿安了家：塑料垃圾袋包裹着胸部，盥洗室抽水链以优美的弧线悬垂胸前。安全别针不再是家中的"实用"工具，摇身一变成了吓人的饰品，穿过脸颊、耳朵或嘴唇。廉价的劣质面料（PVC、塑胶、带金银丝的面料等）、艳俗的设计（例如仿豹纹）、"令人生厌"的配色，一直以来都被时尚业拒之门外，被认为是不入流的媚俗货，朋克却如获至宝，把它们穿在身上（飞行员的紧身裤、"大众"超短裙），传达出自主的现代性理念与时尚品位。保守的审美观与传统的女性化妆品知识都被朋克抛弃。朋克男孩化女孩妆就是为了让别人看出来自己化了妆，这与女性杂志的化妆建议背道而驰。脸成为抽象的肖像画：朋克敏锐观察、仔细研究着这门打造疏离感的学问。他们的头发显然染过（或是干草黄，或是漆黑，要么就是在亮橙色中夹杂着几缕问号状的绿色或漂过的头发），T恤与裤子上有很多拉链，多处缝合外露，表明这是经过改制的。同样，校服的元素碎片（白色的尼龙衬衫或校服领带）被象征性地玷污（衬衫上涂满涂鸦或假血，领带散开），跟紧身皮裤、亮粉色马海毛上衣一起穿在身上。乖张反常的东西最受欢迎。性恋物癖的非法图腾也被特别用来制造惊世骇俗的效果。朋克从闺房、壁橱与色情电影中搜刮出强奸犯的面具和橡胶服、紧身皮衣和渔网袜、吓人的尖头细高跟，以及全套捆绑道具（皮带、绑带、链条），穿在身上招摇过市，这些物品和它们的禁忌内涵一起被带到大街。一些朋克青年甚至会穿脏兮兮的雨衣（大概是最平庸的性癖符号），展示他们在无产阶级条件下的越轨行为。

当然，朋克们可不仅仅是搅乱衣柜。他们还破坏一切相关的话语体系。于是，舞蹈变成了哑剧——朋克们像机器人一样僵硬地挪动，而这一媒介在英国摇滚与主流流行文化中通常是以参与度与表现力著称。杰夫·芒加姆（Geoff Mungham）曾描写"顶级俱乐部"与"麦加俱乐部"周六晚的工人之夜，人们随意地跳着弗鲁格舞[1]，搂搂抱抱，但朋克舞与这种体面毫不相干。[4] 对异性露骨的兴趣确实通常会遭人蔑视与怀疑（谁把老屁精和爱哭鬼放进来了？[5]），而朋克的"跳高舞"（pogo）、"摆姿势"（pose）与机械舞中，看不到传统的求爱模式。尽管"摆姿势"的确创造了最低限度的交际机会（即可以有两个人

---

[1] 一种扭摆舞。

一同参与其中），但"舞伴"双方一般是同性，并且也不允许发生身体接触，因为舞蹈中所描绘的两人的关系是一种"职业"关系。"舞伴"中的一个会摆出一个老套而合适的时尚造型，另一方则做出经典的"贝利"蹲，作势要照下一幅想象中的照片。而在"跳高舞"中，这种程度的互动不被允许，即便很多男性总还是在舞台前推推搡搡。实际上，"跳高舞"是一种滑稽的模仿，以"归谬法"排除了摇滚乐中所有的独舞风格。它类似于"弹跳爱好者"[1]的"反舞蹈"，梅利认为这种反舞蹈与50年代的卷土重来的传统爵士热潮有关（Melly，1972）。死板机械的音乐节奏中，同一套简略的姿势（跃入空中、双手紧贴两侧、像在用头顶一个想象中的球）毫无变化地一再重复。嬉皮士舞步慵懒自在，重金属摇滚乐手跳"白痴舞"，"跳高舞"则不同于二者，它不需要即兴发挥：舞步只会因音乐节奏变化而改变（快节奏的舞曲下，舞池中的人跳起狂热放任的即兴舞步；慢节奏的舞曲下，人们则远离彼此，像是犯了紧张症）。

机械舞只有在最小众的朋克聚会上才会出现，在朋克用语非常狭隘的范围内，它"表现力"更强而"自发性"

---

[1] leapnik：传统爵士音乐人给新的传统爵士舞蹈者取的外号。乔治·梅利在《反叛的风格》中写道，如今的传统爵士舞是一种刻意的反舞蹈，跳舞者像熊一样交替舞步，最好是不跟上节拍。传统爵士音乐家把这种主动像大象一样笨重跳舞的人称为"弹跳爱好者"。

更弱。舞者头与手的抽动极其轻微，虽然偶尔也会大幅度摆动一下（弗兰肯斯坦第一次学会走路？），紧接着就随机地突然停止。最后的这个姿势会定格好几秒，甚至长达几分钟，然后突然又从头再来一遍。狂热的朋克更夸张，他们通宵达旦地编舞，几个小时都像吉尔伯特与乔治[6]那样，变成了自动的活体雕塑。

朋克音乐也不同于主流摇滚乐与流行乐。朋克一贯以基本直白的作曲风格吸引听众，无论这是有意为之，还是因为欠缺专业的编曲知识，而若是后者，那么朋克也确实尽可能地化逆境成了动力（"我们想变得业余。"——约翰尼·罗滕）。最典型的朋克音乐是：几把吉他的音量和音高都调到最大，偶尔会有萨克斯，一齐不间断地演奏旋律（无旋律），鼓点喧嚣，人声尖利。约翰尼·罗滕简明扼要地概括了朋克音乐对协奏的态度："我们制造混乱，不想创作音乐。"

朋克乐队名（"不受欢迎者"[The Unwanted]、"被拒绝者"[The Rejects]、"性手枪"、"冲撞"以及"最糟的人"[The Worst] 等）与朋克歌名（《贝尔森是毒气》["Belsen was a Gas"]、《如果你不想上我，就滚吧》["If You Don't Want to Fuck Me，Fuck off"]、《我想冲你呕吐》["I Wanna be Sick on You"]）体现了朋克运动的特征：有意亵渎神；社会抛弃我，我甘之如饴。让我们引用列维·施特劳斯的名句：这"让母亲犯愁到白头"。至少在朋克发展早期，这些车库乐队摒弃了音乐矫饰，如果用传统的浪漫主义术语形容，那便是：它们用"激情"取代"技艺"，说普通人的语言，打破现有音乐精英的神秘姿态，用为大众所知的方式正面出击，将资产阶级的娱乐理念与经典的"高雅艺术"理念拉下神坛。

朋克对法律与秩序最直白的威胁发生在表演舞台上。他们的确成功颠覆了音乐会与夜总会的娱乐传统。更重要的是，他们尝试在身体、歌词与生活方式上靠近听众。这种手段并不新鲜：艺术家与观众之间的分界通常被革命美学家（布莱希特、超现实主义者、达达派、马尔库塞，等等）看作是一种隐喻，它象征着一种更庞大、更顽固的藩篱，将艺术、梦想与资本主义社会的现实生活割裂开来。[7] 有的舞台足够坚固，能够撑得住"新浪潮"节目演出，于是朋克乐队蜂拥而至。如果舞厅的管理人员不愿容忍朋克公然挑衅舞厅礼仪的行为，那么朋克乐手与粉丝就会在唾沫与对骂中拉近彼此的距离。1977 年 5 月，冲撞乐队在彩虹剧院演奏《白色暴乱》，听众把椅子扯开丢向舞台。与此同时，每一场演出（无论景象多么像世界末日）都可信地向人们证明：事情可以改变，事情也的确正在改变。表演本身就是一种可能性，任何真正的朋克乐队都不应该低估表演的力量。音乐刊物《普通歌迷》中，这样的例子比比皆是：女妖苏西克乐队的苏西克、性手枪乐队的席德·维瑟斯、粉丝杂志《吸胶》[1]的创办者马克·佩里、蚂蚁乐队（The Ants）的乔丹都完成了从舞池到舞台的象征性跨越。哪怕是摇滚"阶级"链中比较低阶的角色，都能吸引那些干着繁重体力活的，或在办公室坐班的，或靠救济金过活的年轻人。据说，芬奇利少年乐队（Finchley Boys）起初就是行刑者乐队（The Stranglers）在足球场上捡到，然后成为他们巡回演出随团技术人员的。

如果像前文提到的那样，这些"成功案例"一定程度上被媒体"歪曲"，那么朋克在其他领域同样展现出了创造性，使得反抗主流成为可能。其中最值得注意的是，以工人阶级为主要成员的青年文化首次尝试在亚文化内部创造一个另类的批评地带，来抵制媒体对朋克的敌意，或少说也是过于意识形态化的报道。另类朋克杂志兴起，这表明朋克能用手头的有限资源即时并低成本生产的，不光只有衣服或音乐。以《吸胶》与《扯碎》（*Ripped and Torn*）为例的粉丝杂志都由个人或小团体编辑，内容包括了乐评、社论以及对知名朋克乐手的采访。这些杂志尽可能小规模、低成本地制作，简单装订后在少数同情朋克文化的零售店上架。

---

[1] 《吸胶》（*Sniffin Glue*）：一本月度独立朋克刊物，得名于雷蒙斯乐队的一首歌曲。

朋克以坚定的"工人阶级"语言（即随意说脏话）撰写各类宣言，杂志的最终校样中总有排印、语法、拼写、页码错误。那些理应在出版前被更正或删改的内容，被留给读者自行解读。朋克杂志给人留下最深刻的印象就是紧迫感和即时性，它是一份匆忙赶制的低级文件，是来自朋克第一线的备忘录。

以这种方式写就的文章必然咄咄逼人、强人所难，它们就像其评述的音乐一样，很难被多数人"接受"。偶尔，杂志里也会出现一两篇更聪明也更晦涩的内容，美国民族志学者哈维·加芬克尔（Harvey Garfinkel）似乎称之为"挽救迟钝想象力的举动"。例如，《吸胶》作为第一本朋克粉丝杂志，也是发行量最大的一本，或许包含了朋克亚文化所生产过的最具启发性的一件宣传物：一张画了吉他琴颈处三个和弦指法的图片。一旁的解说写道："这儿有一个和弦，这儿还有俩，现在动手组建你自己的乐队吧。"这是朋克 DIY 哲学的明确宣言。

甚至唱片封面和粉丝杂志上用到的图形和字体，也与朋克的无政府主义地下风格相吻合。朋克有两种字体：一种是流动的"喷漆"手写体，由涂鸦转化而成；另一种则是"赎金票据"，他们从报纸等刊物上剪下不同字体的单个字母，将其拼接在一起组成匿名信息。例如，性手枪乐队的《上帝保佑女王》唱片封套上（后来成了 T 恤上的图案），就同时用到了两者：印制文字粗糙地拼凑成句，贴在女王的眼睛和嘴巴上，而眼睛嘴巴又进一步被低俗侦探杂志里用以掩盖凶手身份的黑条（它们意味着犯罪或丑闻）破坏。最后，亚文化特征之一的讽刺性自我贬损也延伸到"朋克"这个词本身，它有"卑鄙小人""腐烂""毫无用处"等诋毁含义，而比起"新浪潮"[8]这一更加中性的词，铁杆朋克更喜欢前面那些。

第八章

第一节　同构（homology）的风格

朋克亚文化在每个层面上都意指混乱，但之所以能达到这个效果，是因为这种风格本身很有秩序。混乱的局部凝聚成了一个有意义的整体。现在我们可以借用列维·施特劳斯最早开始使用的概念——同构——来解读这个悖论。

保罗·威利斯在其 1978 年对嬉皮士与摩托车男孩的研究中首次使用了"同构"一词。他用"同构"来描述一个群体价值观与该群体生活方式存在符号上的一致性。在《亵神文化》（*Profane Culture*）中，威利斯告诉我们，亚文化并不像流行的迷思所呈现的那样无法无天，任何亚文化的内部结构都极其有序：每一部分都与其他部分有机地联系在一起，也正是因为这些部分能够达成一致，亚文化成员才能根据亚文化理解世界。例如，因为另类价值体系

（激活内在启示，重返外部世界，脱离现有体制[1]）与致幻药物和酸性摇滚同构，嬉皮文化才成了连贯的整体，构成每个嬉皮士的"整体生活方式"。在《通过仪式抵抗》中，霍尔等人交叉使用"同构"与"拼接"的概念，系统性地阐释了为何特定的亚文化会吸引特定的人群。文集作者们提问："对亚文化成员来说，亚文化具体意味着什么？"

答案是，被挪用的物件在特色亚文化中重新组装，"反映并表达群体生活的方方面面，激起共鸣"（Hall et al., 1976b）。被选中的物件（无论是其固有形式还是改造之后的形式）与亚文化群体的关切焦点、活动、群体结构和集体自我形象保持了一致。"亚文化成员可以从这些物件里看到它们蕴含和反映的关切焦点。"（Hall et al., 1976b）

光头党的物件就体现了这一原则。光头党接受靴子、背带裤和剪短的头发只是因为它们传达了自己想要的品质：坚强、阳刚和工人阶级性，这是它们的意义所在。于是，"符号的物件（衣服、外表、语言、仪式场所、互动风格与音乐）与群体关系、群体境遇、群体经验一起构成了统一的整体"（Hall et al., 1976b）。

---

[1]　原文为：Tune in, turn on, drop out，常见译法是"点燃热情，内向探索，脱离体制"。这一用语出自美国心理学家蒂莫西·利里（Timothy Leary）的同名著作。利里解释"tune in"发生在"turn on"，即获得内在启示之后，重返外部世界时人们会不自觉地在行动上有所改变，例如钟情迷幻风格、迷幻音乐、迷幻舞蹈，因此在这里调整了译序和译法。此外，利里认为食用 LSD 是"turn on"的好办法，所以才有文中的"另类价值体系、致幻药物与酸性摇滚同构"。

朋克自然也是如此。如果亚文化各层面不具有一致性，那么它就什么也不是。切割重组得到的劣质衣服与刺猬头、"跳高舞"与安非他命、吐口水、呕吐、粉丝杂志、反叛的姿态，以及"没有灵魂"的狂乱音乐，这些东西都是同构的。朋克们穿的衣服有脏话效果，脏话也像他们穿的衣服一样有料，他们总是故意在唱片信息、宣传通稿、采访和情歌中塞进污言秽语。他们穿得乱糟糟的，用先锋音乐般的方式与力度敲打出无意义的旋律，给 20 世纪 70 年代末平静的日常生活危机协奏曲中增加噪音。若要给朋克亚文化写一则墓志铭，我们最好复述宝莉·斯泰林[1]的著名箴言："哦绑带，去你妈的！"[2]说得更简单些就是：被禁止的就是被允许的，不过没有任何东西（包括这些被禁止的能指，例如绑带、安全别针、链条、染发剂等）是神圣且一成不变的。

永久性神圣能指，即标志（icon）的缺席给符号学家造成了困难。这样一来，如何从那些只是为了日后丢弃而选来的物件中看出任何正面价值呢？例如，我们可以说早期朋克行头的所指是"现代性"与"工人阶级性"。安全

---

[1] 宝莉·斯泰林（Poly Styrene, 1957—2011）：本名玛丽安·琼·艾略特-塞德（Marrianne Joan Elliott-Said），英国音乐家和创作歌手，X 光透射器乐队（X-Ray Spex）的主唱。"Styrene"原意为聚苯乙烯。

[2] "Oh Bondage, Up Yours！"：X 光透射器乐队的同名曲。

别针与垃圾箱衬袋意指一种相对的物质匮乏，这种物质匮乏要么是一种经过夸大的直接体验，要么是一种情有可原的假设，它反过来象征了日常生活中精神上的空虚。换言之，安全别针等物品"实现"（enact）了从现实匮乏到符号匮乏的转变，保罗·皮科内[1]称之为"从空空的肚皮"到"空虚的精神——因此尽管以镀铬和塑胶装点，生活仍旧空虚……一种资产阶级生活风格"。

我们可以再进一步，认为贫穷即便能被戏仿，也必然是一种挖苦人的机智；小丑面具下是资本主义不受欢迎的破碎面孔；在马戏团调皮捣蛋的滑稽表演的背后，一个不平等的分裂的社会正被高声谴责。但若再夸大一点，说朋克音乐是"西部大道之声"，"跳高舞"是"摩天大楼一跃"，绑带映射工人阶级青年选择有限，就有点过度诠释了。这类解读太直白也太想当然。它们是亚文化自身惊人修辞的推论，但这种修辞自身并不具备解释力：它也许会说自己想表达什么，但它"说"（say）出来的东西不一定是它想"表达"（mean）的。换言之，它很难懂，它的范畴就是它宣传的一部分。让我们再一次引用梅帕姆的话（Mepham，1974）："真正的文本无法在一步步的解码中重构，而是要通过识别现存的生产性意识形态范畴，以及取

---

[1]　保罗·皮科内（Paul Piccone，1940—2004）：意大利裔美国哲学家、批判理论家、思想史学家。

代它的另一套范畴系统。"

为了重构朋克亚文化的真实文本，追溯其颠覆性实践的源头，我们必须首先找出致使亚文化呈现怪异气质的"生产性意识形态"（generative set）。特定符号学事实是不容否认的。朋克亚文化和其他所有青年亚文化一样，都是对一整套商品、价值、常识态度的奇观式改造。某些以工人阶级为主体的青年群体，正是通过这些文化改造形式重申对主流价值观与主流体制的反抗。但是一旦我们想要讨论具体文本，就会马上遇到问题。例如，"卐"字意指什么？

我们现在知道，朋克们是从鲍伊那儿，从卢·里德刻画的"柏林"[1]那儿接触到了这个符号。此外，它清楚地反映出朋克对纳粹德国，这一堕落、邪恶且"没有未来"的帝国的好奇。"卐"使人们想起那个充满强权神话的时期。传统上，英国人认为"卐"意指"敌人"，但朋克让"卐"失去了其"自然"意义（即法西斯主义）。朋克一般不同情极右翼政党。相反，前文讨论过，泰迪男孩文化复兴，青年群体对反法西斯运动（例如摇滚反种族主义运动）广泛支持，这两者间的矛盾冲突似乎表明了朋克

---

[1] 《柏林》（Berlin）是美国摇滚乐手卢·里德离开地下丝绒乐队后的第三张个人专辑，歌词非常阴暗，描绘了一对来自柏林的夫妇，涉及吸毒、卖淫、家庭暴力、自杀等柏林社会底层问题。朱利安·施纳贝尔导演记录了里德在布鲁克林一连五场的公演，拍摄了纪录片《卢·里德的柏林》。

亚文化在一定程度上源于对 70 年代中期重新出现的种族主义的反抗。因此，我们必须从最表层的含义解读"卐"字符，即佩戴纳粹党徽是因为它一定能引人震惊。1977年 12 月 17—23 日的《超时》（Time Out）周刊采访了一名女生为何佩戴纳粹党徽，她回答："朋克就是喜欢惹人恨。"这不仅表示物品的一般意义被扭转或变味了，而且能指（卐）已经故意脱离了其传统意义上的所指（纳粹主义）：尽管它（作为"柏林"）被重新放置在一个新的亚文化语境当中，但其首要价值和吸引力恰恰源于它缺乏意义，可以充当诡计。它有一种空洞的效果，所以才能为朋克所用。我们只好得出这样的结论："卐"所"蕴含并反映"的核心价值就是告诉人们，它根本不代表任何可以一眼看穿的价值。到头来，这个符号就和它引发的愤怒一样"哑然"。解读朋克风格的关键要点还是难以参透，我们非但没能开始理解朋克风格，反倒抵达了意义主动蒸发的地带。

第二节　作为表意实践（signifying practice）的风格

> 我们被空洞包围，但这是一种饱含符号的空洞。
>
> ——亨利·列斐伏尔

看来，从传统符号学（一种从"信息"概念出发的符号学，所谓的信息就是一套元素的集合，这些元素一致指向数量固定的所指）出发的亚文化研究方法无法带领我们走进自相矛盾、令人费解的朋克风格文本。一切想要从无休无止，且往往随机的能指游戏中提取出一套最终意义的尝试，注定要以失败告终。

然而多年过去，符号学出现新的分支，并正好可以用来解决朋克的问题。在这一分支下，所谓解读符号，不再是简单地揭示能指有限的潜在意义，而是要承认语言的多义性（polysemy），任何文本都可能产生无限多的意义。因此，解读者在分析给定文本时，格外关注意义原则最受质疑的部分（或层面）。这种解读方式不太强调语言（langue）中结构与系统的首要地位，而着重研究言说主体在话语（parole[1]）中的地位。它关注意义建构的过程而非最终产物。

这一分支主要与法国《如是》[2] 杂志小组有关，由对文学文本与电影文本的研究发展而来。它试图超越传统的

---

[1] langue 与 parole 是法语，根据瑞士语言学家索绪尔，langue 对应"语言结构"，parole 对应"言语"。

[2] 《如是》（ *Tel Quel* ）：20 世纪 60 年代由作家菲利普·索莱尔斯创办的杂志。它的名称源于法国著名作家保罗·瓦莱里的著作，主要刊载 20 世纪 60 年代后法国文学批评、艺术批评与音乐批评文章，聚集了克里斯蒂娃与德里达等解构主义者。《如是》杂志的写作立场是：写作是为了探索语言的可能性。它强调文本的无限开放性。另也有《泰凯尔》这一音译。

艺术理论（艺术作为模仿，艺术作为表征，艺术作为对现实的直接反映，等等），引入新的艺术概念：艺术作为"工艺"，艺术作为"实践"，艺术作为对现实的独特"改造"，现实的又一版本及又一阐述。[1]

符号学的研究兴趣被重新界定，其带来的影响之一是让批判目光的焦点对准了表征手段与被表征物之间的关系，也就是传统美学中艺术作品之"形式"与"内容"的关系。现在，"形式"与"内容"之间不存在任何绝对的区别。我们首先要承认，说的方式（叙事结构）极其严格地限制了可被言说的内容，这一点至关重要。尤其要注意，那种认为内容独立于形式，可以被安插到或多或少中立的形式当中去（这一假设似乎是现实主义美学的基础）的想法不过是幻觉，因为现实主义美学"否认它自身扮演的阐释角色……[也就是说，]现实不是被艺术所阐明，而是独立地存在"[2]。（MacCabe，1974）

《如是》小组借鉴了另一套美学理论（它植根于现代主义与先锋艺术，以布莱希特的"史诗剧"理念为参照[3]），借用表意实践的概念挑战主流观点，即符号与指涉物、意指与现实间存在透明的对应关系。这个短语（"表意实践"）反映了《如是》小组的核心关切：形式的意识形态作用、意义的积极建构与解构，以及所谓语言的"生产力"。这种符号学方法认为，语言是一种积极的改造力量，它塑造并定位"主体"(为说话者、作者，或读者)；而与此同时，又始终是一个可不断改写的"过程"。对表意实践的强调也伴生了引发争论的主张：所谓艺术，就是过程战胜了稳定，分裂战胜了统一，"碰撞"战胜了"连接"，[4]这一系列胜利都是因为能指战胜了所指。从更广阔的层面上来看，小组试图强调"裂缝"与矛盾的价值，用它们取代艺术对"整体性"(即文本"被视为一个封闭的结构")的关注，后者也被称为是经典文学批评的特点。

尽管这项符号学工作大体上还处于试验阶段，它也的确提供了一个解读亚文化风格全然不同的视角，重点解答了我们在分析朋克时遇到的阐释困境。朱莉娅·克里斯蒂娃[1]对意指的研究尤其有借鉴意义。她在《诗性语言的革命》中研究了法国象征主义诗歌，探索诗歌中存在的颠覆性。克里斯蒂娃指出"诗性语言"是"社会规范被摧毁和更新的地方"。句法(syntax)是连贯与理性的前提条件。她将否定、干扰句法的实践称为"激进"的表意实践，它们进而侵蚀"象征性秩序"[2]5赖以存在的"行动位置"。

---

[1]　朱莉娅·克里斯蒂娃(Julia Kristeva, 1941—　)：法国思想家、精神分析学者、哲学家、文学批评家和女性主义者，著述广泛，覆盖语言学、文学理论及批评、精神分析、人物传记、政治和文学分析、艺术及艺术史等诸多领域，如《符号学》《诗性语言的革命》《主体·互文·精神分析》《汉娜·阿伦特》《中国妇女》等。

[2]　我在本书中所说的"象征性秩序"与克里斯蒂娃笔下的"象征性秩序"不是一回事。克里斯蒂娃的"象征性秩序"基于拉康精神分析的特定用意。我使用这个术语只是为了表明，任意时期内的主导意识形态话语都具有明显的统一性。——原书注

克里斯蒂娃的两个关注点似乎与我们不谋而合：我们想知道从属群体如何在语言的定位过程中产生（克里斯蒂娃对女性主体尤其感兴趣），以及这一由惯性习得的定位过程所遭受的破坏。另外，表意实践的通行概念（克里斯蒂娃将其定义为："安置与背叛或超越符号系统的过程"⁶）可以帮助我们以一种更微妙、复杂的方式重新思考边缘文化形式与主流文化形式，乃至各种亚文化风格之间的关系。例如，我们已经看到，亚文化风格的实践基础与超现实主义"激进"的拼贴美学有诸多共同点，我们也将看到不同的风格采用不同的表意实践。除此之外，我还认为，朋克的表意实践具有克里斯蒂娃意义上的"激进性"：他们面向"乌有"（nowhere），竭力保持沉默，维持外人无法理解的形态。

现在我们能够更细致地研究亚文化经验，以及表达与意指之间的关系，也能够更进一步探讨亚文化整体风格，思考我们对风格的解读。回到朋克的例子，正是因为各个元素毫不搭界（破洞与T恤，吐口水与掌声，塑料垃圾袋与衣服，无政府与秩序），并拒绝围绕一套易于识别的既定核心价值，才形成了同构关系。这些元素明显缺乏意义，却在意义的省略中凝成一体。无处可归（即空白）是朋克的特征，这与光头党明显不同。

光头党将其阶级地位理论化并加以崇拜，希望借此

"神奇地"回到想象中的过去；而朋克与父辈文化脱节，他们是一群局外人，他们想象的未来只会在科幻小说中出现，普通人无法理解。他们扮演着"他者"，像是"乍现"在地球的外星人，叫人捉摸不透。朋克的仪式、口音与物件都有意意指工人阶级性，但每个朋克的妆容、面具与化名却掩盖或象征性地抹去了他们的个人身份。这些"逃避同一性"[7]的伎俩宛如布勒东的艺术作品。

因此，即便在实践或具体形式当中，这种工人阶级性也只会停留在理念层面。它是抽象的、非实体的、去语境化的存在。它缺乏必要的细节（没有名字，没有家，也没有历史），不愿理解自身的阶级，也不愿让人从中"读出"它的阶级根源。它与另一个重要的朋克能指间有着激烈冲突，那就是性"变态"。这两种越轨行为（社会越轨与性越轨）的并置让朋克文化显得更为怪异。如此一来，哪怕是坚定不移的自由主义者也会深感不安，而社会学家的轻率判断无论多么激进也不再可信。虽然朋克符号始终指涉学校、工作、家庭、阶级现实，但只有在符号与这些指涉物保持一定距离的情况下，指涉才能生效：指涉物必须通过朋克风格的断裂回路，被重新表征为"噪音"、干扰与熵。

换言之，哪怕朋克自觉地映射了保罗·皮科内所谓的资产阶级社会"前分类现实"（precategorical realities），也就是资产阶级社会中的不平等、无力感与异化现象，这也不过是因为朋克风格与父辈文化和其自身的"经验位置"断然决裂。这种决裂烙刻在朋克风格的表意实践中，同时也不断激活着朋克的表意实践。例如，朋克的行头虽然以视觉双关的形式（例如绑带、破布T恤等）表征了朋克所体验的社会矛盾，但它并没有"神奇地"化解矛盾。因此，虽然朋克风格的象征物（例如安全别针、"跳高舞"、ECT发型等）的确是为了塑造"群体关系、处境与经验"的"统一性"（Hall et al., 1976b），但这种统一性是"破碎"而"富有表现力的"。更确切地说，朋克用破碎表现自身。

当然，这不是说全体朋克都能意识到经验与意指之间的断裂，虽然朋克风格最终建立在这种断裂之上。最早一批朋克固然能够领会朋克风格，因为他们是自觉的创作者，但随着朋克亚文化逐渐成形并走向大众，后来的朋克族就很难领会到朋克风格的真谛。和其他亚文化一样，朋克鼻祖与后来的效仿者大不相同。其实人们在日常交流中就会频频谈起两者的区别（例如塑胶朋克或安全别针人、拉斯塔黑佬或随大流的拉斯塔、周末嬉皮士，他们都不是"真正"的朋克）。例如，摩登族内部错综复杂，最早一批"头面人物"与"潮人"跟大多数缺乏想象力的跟风者不同，后者是"小破孩"和"速可达男孩"，他们把宝贵的摩登风格弄得琐碎而粗糙。

而且，不同青年群体卷入亚文化的程度也不同。亚文化可以是生活的主轴，年轻人围绕它确立了一个完美的秘密身份来对抗家庭；它也可以无足轻重，只是年轻人暂时逃离单调的学校、家庭和工作的去处，他们在亚文化中放松片刻，但最后还是要回到日常生活。它可以是一种逃避，完全跟生活割裂开来；也可以是年轻人适应环境的方式，他们只在周末或晚间沉浸到亚文化世界，以平复心情。不过就像菲尔·科恩所说，大多数时候亚文化可以神奇地同时做到这两点，而即便存在个体差异，同一个亚文化内部的成员也必须有共同语言。如果一种风格想流行起来，并真的受人欢迎，它就必须在适当的时机用适当的语言说出正确的话；它必须预感某个时刻，把握某种情绪；它必须传递一种感觉，而朋克风格所表达的感觉本质上即错位、讽刺和自觉的。

　　既然同一种亚文化内部的成员可以或多或少意识到他们的风格以何种方式、做了何种表达，那么这也意味着，不同亚文化风格所呈现的断裂感将不尽相同。尽管摩登族与朋克都进行着同一种表意实践（即自觉的颠覆式拼接），但当时的报纸谈到摩登族时会写"……针脚整齐，活泼干净"，朋克却故意穿得邋遢，看起来像是社会败类，因此也与常规文化景观相差更大。

　　某种程度上，这解释了为何亚文化内部同样敌意横生，或者至少可以认为这是亚文化内部敌意的根源。例如，泰迪男孩复兴者与朋克摇滚乐手之间的对垒，不再仅限于"内容"层面，如二者听不同的音乐、穿不同的衣服，甚至也不限于二者不同的政治立场与种族身份，以及他们与父辈文化的不同关系，冲突还体现在两种风格各自的建构路径，即它们传达（或拒绝传达）意义的方式。泰迪男孩受媒体采访时经常表示，他们不喜欢朋克象征性地洗劫 50 年代衣柜（紧身裤、尖头鞋、背头等），也不喜欢为了表达讽刺与不敬而切割、重组并重新加工这些"神圣"的人造物，把它们与"重型钉靴"和捆绑装束混在一起，引发不好的联想，进而亵渎它们的神圣性。[8] 朋克热衷的"切割重组"暗藏了无序、崩溃与混乱：他们不仅想模糊种族与性别界限，还想通过混合不同时期的时尚细节来搞乱时间顺序。

因此，泰迪男孩们也许会认为朋克风格冒犯了传统工人阶级直率、坦诚的价值观，违反了工人阶级性生活中的清规戒律，而这些正是泰迪男孩所认可并想要复兴的价值观。就像后来摇滚青年反对摩登族、光头党反对嬉皮士，泰迪男孩文化复兴似乎代表了"真正的"工人阶级对新浪潮无产阶级姿态的反抗。它神奇地重返往昔，以此意指小范围的共同体与父辈文化，以及那些他们熟悉、理解的东西，这种意指方式严格对应了工人阶级固有的保守主义。[9] 泰迪男孩不仅不喜欢朋克的流行物件与 "意义"，还讽刺了朋克展示这些物件的方式和朋克建构、解构意义的行为。泰迪男孩们诉诸了一种更加原始的 "语言"：用乔治·梅利的话来说，泰迪男孩们选择回到 "当时"，"当时" 比 "现在" 更好，"当时" 是一个 "非常反流行的概念"。

我们可以用两个公式总结泰迪男孩与朋克表意实践的区别：朋克的实践是活跃的、及物的（transitive），侧重对物件的改造行为；泰迪男孩的实践是静止的、表现的，侧重物自体（objects-in-themselves）。如果我们参考克里斯蒂娃的另一个哲学范畴——意义生成[1]（significance）——也许就能更清晰地把握这种区别的本质。克里斯蒂娃用 "意义生成" 描述文本中能指的作用，它与所指的作用（即意指）不同。罗兰·巴特认为能指作用与所指作用的不同在于：

所谓意义生成是指，文本的 "主体" 与意义

---

[1] "significance" 以及 "signification" 有多种现行翻译，且常有抵牾，例如怀宇在《显义与晦义》当中将其译作 "意指活动"，并将 signification 译作 "意指过程"；而史忠义在《符号学》当中将其译作 "成义过程"。此外，台湾学者许绮玲将 significance 译作 "意义不断演生性"，将 signification 译作 "意义形成"。可以确定的是，significance 是由克里斯蒂娃提出，对应巴特的后结构主义转向与 "作者已死" 的论断，signification 是所指的领域，从 signification 出发的阐释就是挖掘能指背后的所指；而 significance 是能指的领域，从 significance 出发的阐释是关注能指的多义性。可见，significance 比 signification 更强调 "生成"，故此处将前者译作 "意义生成"，保留后者的 "意指"。

（meaning）缠斗并最终被解构（"失去主体性"）的过程。在这一过程中，主体逃脱（传统逻辑），并卷入其他逻辑（能指逻辑、矛盾逻辑）。因此，准确来说，意义生成是一项工作（work），这一点将它与意指区分开。而这项工作并非让（外在的且完好无损的）主体尝试掌控语言，而是要让主体进入（而非观察）语言，探索语言如何作用于或摧毁他（她），是一项激进的工作（要使一切不再完好无损）……与意指不同，意义生成因而不能被简化为交流、表征、表达：它并非将主体（作者或读者）投射到文本里，而是使其"消失"在文本中，"失去主体性"。（参见 Heath，1977）

此外，巴特为了说明电影呈现的多重意义，将能指的"嬉戏"（moving play）称为"第三层意义"（晦义 [obtuse meaning]）（另外两层意义是"信息层"意义与"象征层"意义，这两种意义是"封闭的""明显的"，符号学家通常只关注这两种意义）。第三层意义会"钝化"另外两种含义（让"显见的所指"变得不明显，"使解读滑移"），从而对抗（"超越"）另外两层意义。巴特以爱森斯坦的电影《战舰波将金号》的一张剧照为例，一位老妇人头巾盖过额头，露出经典的悲痛欲绝的神态。在显义层面，她似乎是一种"高贵的痛苦"的典型，但巴特注意到她的头饰怪异，以及那双"呆滞"的鱼眼，都不符合"高贵的痛苦"，以至"无法确定 [这一画面] 是有意为之"（Barthes，1977a）。于是第三层意义逆流而上，与文本原定的流向背道而驰，阻止文本抵达其目的地：一个完整、圆满的闭合。巴特因此将第三层意义形容为"用意义（或意义念头）填平的裂缝……它超越了意义，颠覆的不只是内容，更是整个意义实践"。

"意义生成"与"晦义"两个概念表明，文本中存在内在的颠覆性成分。识别文本内部能指的运作可以帮助我们理解特定亚文化风格如何反抗读者、抵制任何权威性的解读。思索片刻我们便能发现，并非所有亚文化风格都擅长语言"嬉戏"：有些亚文化风格更加"直接"，它们优先考虑建构、投射一个坚固的集体身份。回到前文的例子，我们可以认为，泰迪男孩风格更直截了当地表达了自我，坚定地想要构建一个"完成的"意义，他们追寻所指，投入克里斯蒂娃所谓的"意指"（signification）活动中。朋克风格则相反，它不断重组，变动不居。朋克引入一套异质的能指，而且它们随时可能被其他同样具有富有成效的能指取代。朋克邀请解读者"滑入""意义生成"，抛开对方向的感知与感知的方向。朋克文化切断了意义的常规流向，从而更接近于巴特所说的"飘浮的能指（即能指的特殊形态）"。这种飘浮不会摧毁任何东西，只是会扰乱法则

（Barthes，1977b）。

因此，朋克风格与泰迪男孩风格实际上代表了两种表意实践，解读者遭遇的也是两种困难。我们可以借助一个类比来衡量两者的难度（基本等同于意义"闭合"程度的差别）。在《小偷日记》当中，热内比较了他与阿尔芒的关系和他与斯蒂利塔诺的关系，前者性格捉摸不定，后者更直率，他也更加迷恋。热内的用语强调了两者的区别："我将阿尔芒比作膨胀的宇宙……我无法定义阿尔芒，也无法把他还原成可观察的特征，在我追求他的过程中，他不断变化着。但斯蒂利塔诺已经被我包围。"

因此，经验、表达与意指之间的关系在亚文化中不是一个常量。它可以形成一个统一体：这种统一要么多少是有机的，努力向着理想中的一致靠近；要么多少是破碎的，映射出断裂、自相矛盾的经验。此外，每种亚文化自身可以偏"保守"也可以偏"进步"，可以融入共同体并延续共同体的价值观，也可以脱离共同体，与父辈文化对峙。最后，这些差异不仅反映在不同亚文化风格的物件上，也反映在表征这些物件并使其具有意义的表意实践中。

第九章

好吧，它们是文化，但它们是艺术吗？

> 绘画是珍宝……拼贴艺术一文不值。
>
> ——路易·阿拉贡 [1]

归根结底，我们该如何理解亚文化风格？当然，我们可以使用正统美学术语"鉴赏"它。很多流行文化评论文章虽然初衷是为了报复保守派作者，控诉他们忽视流行文化，但有时也会失去反叛的锋芒，转头诉诸那些最传统的辩词：流行音乐及其图像"至少应当与高雅艺术平起平坐"（例如，可参见梅利《反叛的风格》终章，当然本书其他章节页很出彩）。偶尔，这种对高雅艺术的虔敬态度甚至延伸成为亚文化风格的特征：

---

[1] 路易·阿拉贡（Louis Aragon，1897—1982）：法国超现实主义作家。著有诗歌《断肠集》《法兰西的晓角》，长篇小说《现实世界》（4卷）、《受难周》等。

青少年创作的东西里，很少再有什么比挂满饰品的摇滚夹克更有美感的。它们彰显了最纯粹、最具创造性的创作冲动。客观来说，它们构成了一种高水平的、对称的、仪式性的艺术，闪耀着奇异的金属光泽，具有极强的恋物力量。（Nuttal，1969）[1]

但这难免让人觉得有些离题，因为亚文化不是这种意义上的"文化"，"高超的艺术"也无法准确有效地描述亚文化风格。相反，亚文化是更广义的文化，它是一种交流体系，一种表达与表征形式。亚文化符合结构主义人类学家对文化的定义：文化是"信息有来有往的编码式交流"[2]。因此亚文化的确可以被冠为艺术，但那只是特定语境下（或特定语境之外）的艺术，而非传统美学固定标准下的永恒艺术品。亚文化是"挪用"与"偷窃"，是对意义的颠覆，是一场运动。

我们已经看到，亚文化风格可以被表述为表意实践。而倘若就我们的研究目的而言，克里斯蒂娃的理论太过复杂（更确切地说，可能是我的断章取义破坏了克里斯蒂娃理论的连贯性），那么我们也可以引述被结构主义批评家广为接受的观点，即艺术表达与审美愉悦和破坏现有规范并制定新规范密切相关：

……美学表达是为了传达尚未成形的概念、微妙性与复杂性，因此一旦某种美学秩序被普遍认可为规范（即表达已经成形的概念），艺术创作就想要超越这种规范，探索其可能的异变与拓展……许多艺术作品的兴趣焦点，就在于如何在看似遵循规范的过程中探索并修改规范。（Culler，1976）

亚文化风格正是在乔纳森·库勒[1]所描述的辩证过程中被创造、改造乃至取代的。其实在形式上，我们可以认为战后一连串青年风格形成于亚文化内部对垒（摩登族 vs 摇滚族；光头党 vs 油头族；光头党 vs 嬉皮士；朋克 vs 嬉皮士；泰迪男孩 vs 朋克；光头党 vs 朋克 3），它们交替改造一系列原始物品（衣服、舞蹈、音乐、黑话），这种改造与一系列"正派"形式更迭（高级时尚 / 主流时尚的更迭）相对应，亚文化风格在与后者的反差中得到界定。每一种亚文化都经历了从抵抗到消亡的循环，我们也看到这种循环如何嵌入更大的文化与商业背景之中。在教室、法庭与媒体中，亚文化式的越轨行为既"可被理解"，又晦涩难明；与此同时，亚文化风格的"秘密"物件既陈列在高街的唱片店中，又出现在连锁时装店里。一旦我们剥去

---

[1] 乔纳森·库勒（Jonathan Culler，1944— ）：美国文学评论家，发表作品涉及结构主义、文学理论与文学批评领域。

亚文化风格败坏的意涵，它就可以迎合公众的消费兴趣。安德烈·马松[1]也描述过类似的过程，提出这一过程可以用以解释超现实主义的衰落：

> 雨伞与缝纫机在手术台上相遇，这样的邂逅只发生过一次。描摹、一遍遍重复、机械化——本来不平凡的东西就这样被庸俗化……费力创作的"幻想作品"在街角橱窗里就能看到。

无论切割重组与拼贴多么离奇，它们都不过是重新排列了一些东西，没有带来多大改变；不用说，"爆炸性的并置"也从未出现：任何风格符咒都无法改变亚文化商品自带的压迫性生产模式。

尽管如此，风格也曾有过短暂的、掀起震撼奇观的时刻。我们对亚文化风格的研究应当聚焦那样的时刻，关注"改造"（transformation）这一事实而非物自身。回到摇滚夹克，我们可以同意纳托尔的观点，认为它们确实构成了具有"强大恋物力量"的物件，但我们不能离其生产与穿着的语境太远。如果我们把亚文化风格看作一种文化形式，就可以更有效地将其视为现存秩序的变体与延伸，

---

[1] 安德烈·马松（André Masson，1896—1987）：法国超现实主义艺术家。

而不仅仅是创造性驱动力的表达，更重要的是，我们应当视亚文化风格为有意义的变体。这些文化形式有时会遭毁损，显得破败不堪，那无疑就是亚文化风格的"关键"时刻。文化形式与结构化表象的符号秩序形成对立——一种将生产者同时置于其生产品之上和它对立面的语法。在这样的秩序面前，亚文化风格必然不时显得怪异反常。

本书大部分内容都基于这则假设："黑人"与"白人工人阶级青年"两个社会位置可以等同。这个等式当然具有争议性；它也无法经由标准的社会学程序检验。尽管它不可置否地内嵌于社会结构，作为一种内在性（immanence）、被掩盖的可能性（a submerged possibility）和存在的选择（existential option）；而我们也无法科学地验证是否真的有"存在的选择"——你要么看见它，要么看不见。

不过也可能有人会提出异议，认为太过强调黑人与白人工人阶级青年之间的联系，会伤害几个世纪以来遭受最赤裸压迫而形成的黑人社群：不管怎么说，黑人文化都带有独特的历史印记，它最终脱离了白主人的控制，获得了族群凝聚力。因此在白人社群与黑人社群里，年轻人与年长者的关系、孩子与父母的关系是两种不同的构型。在西印度社群中，雷鬼乐不仅是年轻人的音乐。虽然年长者更喜欢节奏轻缓、非洲气息不那么浓厚的音乐，但老人和青年都归属同一个出于自卫而形成的集体，他们都缺少机会，受困于有限的社会流动性，两代人因此紧紧地团结在一起。

所以，哪怕白人工人阶级青年一辈子都是工人阶级，他们最终也会长大并安定下来，即便生活得不优渥，至少也拥有共识。但黑人永远洗不脱其"黑人性"，它被我们的社会视为缺陷。至少在可以预见的未来，黑人很有可能会一直处于社会底层。尽管如此，我们还是可以假设，随着黑人在社会中的存在变得自然而然，这些差异将日渐淡化（黑人社群中已有迹象表明，"青年"的代际意识正在不断增强），只要我们不把黑人与白人工人阶级青年混为一谈，对两者进行比较就可以带来启发。例如，我们已经看到两者在新闻界与司法界激起相似的反应。"正经"人士觉得雷鬼乐与朋克摇滚都是一派胡言，是与当代英国社会重要议题无关的微小残差。而在其他国家，雷鬼乐与摇滚乐同被斥为堕落，或被删改成"干净的好音乐"。但我们也看到，雷鬼乐与朋克摇滚之间还有一种更深层的对应关系：它们都产生于亚文化语境，而亚文化则是对特定历史境况的回应。这一回应象征一种拒绝：它始于拒绝共识的运动（在西方民主国家，共识是神圣的）。它自讨没趣地揭露差异，亚文化成员因此饱受敌对与奚落，承受"白人愚蠢的怒火"。

因此，亚文化是一种表现形式，但它所表现的归根到底是当权者与被迫沦为从属阶级者之间的根本张力。亚文化风格形象地表现了这一张力，我们可以在此借用一则隐喻来给亚文化下最终定义。阿尔都塞在他最具影响力的文章之一《意识形态和意识形态国家机器》中，描述了社会构型的组成部分（家庭、教育、大众媒体与文化和政治机构）如何让人们持续服从于统治阶级的意识形态。这些机构并不直接传播"统治思想"。它们恰恰是在阿尔都塞所说的一种"磨合的一致"（teeth-gritting harmony），即"互相的冲突和龃龉"中，共同再生产出了统治阶级的意识形态。本书自始至终都将亚文化视为一种抵抗形式，亚文化风格隐晦地表征了从属阶级体验到的社会矛盾，以及他们对统治阶级意识形态的反抗。我特别使用了"噪音"一词，来描述这些风格给符号秩序带去的挑战。也许把这种"噪音"看作阿尔都塞所说的"磨合的一致"的反面更准确，也更具说服力。

结论

和艺术一样，日常生活在最好的情况下，是一场革命，而最坏的情况，就是间牢房。

——保罗·威利斯[1]（1977）

监狱没有目的……没时间忧郁了。

——让·热内（1971）

本书以作家让·热内对他幻想中的情人们（那些巧妙地贴在监狱规章板背面的嫌犯照片）致敬开篇；现在，我们以热内在另一所监狱墙外仰望里面的年轻囚犯（乔治·杰克逊）收尾。热内对这位青年罪犯的爱虽不乏温柔，但也带着几分怜悯。热内决心从他身上辨认出一个"他者"，并分担他的苦痛，于是他与青年罪犯缔结了更完

---

[1] 保罗·威利斯（Paul Willis, 1950— ）：英国极有影响力的社会科学家，在目前的社会学和文化学领域研究中享有盛誉。

满深刻的联结。热内最终成为圣徒[1]，但他只有在超越了"圣徒"原始的限定条件之后才能获此殊荣，他必须讲兄弟情谊，拒绝利己主义。时代变了。热内用艺术把犯罪行为升华为犯罪理念，并发展出一套革命理论。于是，个人经历成了群体性事业。现在热内是著名作者[2]，而不是典型的前科犯。

乔治·杰克逊也不是普通罪犯，后来他也成了人们心中的作者。乔治·杰克逊在18岁因为抢劫加油站70美元而被判处"一年有期徒刑至无期徒刑"¹。当时社会刚开始实行长期监禁的刑罚，杰克逊是第一批获刑囚犯。囚犯们利用狱中充裕的时间，在孤独中自我教育、理论化其社会位置，继而从政治角度看待自己的犯罪生涯。1970年，杰克逊与索莱达监狱另两名囚犯一起因涉嫌谋杀狱警面临审判和被处以死刑的可能。[3] 这次判决具有更广泛的政治意义，他们三人站在一条战线上，好战且善言辞，身份还

---

[1] 萨特曾写了一本题为《圣徒热内，演员和烈士》(Saint Genet, Actor and Martyr) 的热内专著。

[2] 此处应当是指罗兰·巴特意义上的"作者"(writer)。

[3] 指"索莱达兄弟"事件 (Soledad Brothers)。1970年，索莱达监狱放风活动期间发生斗殴，一名白人狱警击杀了三名黑人囚犯，而蒙特雷郡的大陪审团以"正当杀人"为由免除了该狱警的刑事责任，判决过程没有一位黑人囚犯被允许出庭做证。判决信息在监狱中传开，三天后，另一名白人狱警被发现身亡，杰克逊等三人因涉嫌谋杀被起诉。这一事件引起社会不满，索莱达兄弟辩护委员会成立，不少名人也都支持索莱达兄弟无罪。杰克逊本人后来出版的《索莱达兄弟：乔治·杰克逊的狱中书简》(Soledad Brother: The Prison Letters of George Jackson)，详细介绍了审判期间的监狱时光。

是黑人。时代的确不同了。

热内为《索莱达兄弟：乔治·杰克逊的狱中书简》所写的导言有一个重要主题：黑人作者努力用白主人的语言表述自己，结果陷入双重困境："要是黑人发现自己写出了杰作，用的却是敌人的语言，发现他满怀愤怒或爱意雕刻出来的宝石进一步充实了敌人的宝库，他可能会品尝新的痛苦。"热内在新生黑人作者的作品中找到了两种破除困境的办法。首先，敌人的宗教可以反过来对付敌人。剥去"长老派与《圣经》的破布"，黑人也可以学着"操持更黑人、更愤怒（的声音）……这并非作为黑人，而是作为俘虏所背负的诅咒"。其次，因这些新生作者注定永远都会使用一种陌生的语言（这种语言使他们更靠近敌人），所以他们必须想办法把白主人从语言里连根拔起。用杰克逊自己的话来说，像他这样的流亡者就是"新奴隶制"的受害者，他只有一条路可走："操持白人的语言，同时富有技巧地腐蚀它，诱使白人坠入他布下的陷阱"，不过一旦被发现，流亡者就会遭到象征性的屠杀。

热内警告读者，杰克逊的信件不易阅读，我们不可能轻轻松松就进入文本。因为它们是咬紧牙关写成的作品，其中的文字丑陋坚硬，"充满禁忌，遭到诅咒，沾满了血，险象丛生，挂上了锁。字典里找不到它们……"。就这样，我们跟着热内兜了一圈又回到原点，回到白墙上的涂鸦。我们看到一群黑人自顾自地说着一种语言，向监狱的白墙发泄不满。那既是真实的监狱，也是符号的监狱。热内迂回着将我们带回亚文化风格的意义之中，重新读取支离破碎的信息。让我们进一步拓展这个隐喻：我们一直研究的亚文化风格就像监狱里的涂鸦，只会向自己的出生地致敬；同时，我们可以谨慎地总结："任何来源于'监狱'并抵达我们的文本，都好像已残缺不全。"（Genet，1971）

随着本书的开展，我们也像热内一样学会了质疑被强加于亚文化的常识性范畴。我们为此不得不扩大对文化的定义，以便它能涵盖所有表达形式，赋予一切群体体验以意义。为获得这一定义，我们探索了囊括 T. S. 艾略特、罗兰·巴特、让·热内等天才的传统。某种意义上，这三位作者从始至终主导着我们的研究，为我们提供了基本的参考框架。他们把最不起眼的现象摆到我们眼前，而在他们眼里那些东西都有特殊意义。首先，艾略特提供了文化的主干定义。他在"一个民族的所有特色活动与整体兴趣"（例如德比日、甜菜根与赛狗）中，看到了重要的一致性和"一整套生活方式"。这些元素叠加起来形成一种秩序，确立了他心中崇高的英国性；那是他誓死捍卫的传统，绝不能被庸俗的大众文化侵袭，他要把它从垃圾电影、漫画、无信仰的"空心人"的庸俗情感与琐碎生活中抢救出来。

巴特则以超然心态汇编出了一份文化清单，阐释了与艾略特不太一样的观点。他同样秉持了一丝预言的口吻，但艾略特是英国天主教徒与保守派成员，而巴特则信仰唯物主义与马克思主义。巴特用"历史的黑夜"（"在历史的黑夜中，未来成为一种本质，它从本质上毁掉了过去"）（Barthes，1972）替换了艾略特"灵魂的黑夜"（"人与碎纸在时间 / 之前与之后的冷风中飘零"）（Eliot，1959）。两人与当代文化的各种形式都不亲近，艾略特从旧日英国、祈祷与圣餐那儿找到了庇护，但巴特却"找不到应许之地。对他来说，当代文化的负面性完全盖过了未来的光明"。巴特不关心高级文化与低级文化的区别：从剧院、谋杀案审判到梦寐以求的菜肴，一切都被诅咒了。巴特认为，整个文化生活都卷入了一种有害的意识形态。营养全都腐坏；任何自发的感情与事件都可能沦为神话的猎物。巴特无法给出救赎，不过至少有一个解读的炼狱可以制裁神话：神话是符号，符号不过是可被解读的东西。因此，巴特为我们提供了一种解读风格的方法论。

最后是热内，热内给了我们一个隐喻和一个模式。他虽出身卑贱，却学会了在"风格"中生存。热内其人便是一种亚文化。他有着巴特一般的高雅品位，像巴特一样善于洞察细节，对词语敏感。他的风格和巴特的一样珍贵。他们都是主流社会里的卧底，捕捉其中的秘密，但热内嵌入社会的方式与巴特不同。热内是小偷、骗子和"笨蛋"（jerk）[2]。巴特被国家秩序所容纳，而热内已被除名，他是孤兵。

诚然，热内原本是天主教徒，而他并没能因此得到救赎，因为他不是艾略特，他是个私生子。热内的天主教教义是严格的农民式的，止于圣像与祭坛栏杆，不过是异教徒的偶像崇拜。此外，他在否定了自身信仰后发现了它"肮脏的那面"——这一真相更合他的心意。现在，他成了他作品里虚构出的女仆，是主人"肮脏的代谢物"[3]。他在脑海中颠覆了现存体系。他"选择"犯罪、性交、激起路人的嫌恶与怒火，然后他看向这个世界，发现"一切事物彼此相连"：股票市场的报价、司法机关的行事风格、花坛，它们通通传达着一条信息——他是这个世界的他者，被世界所放逐。

挑选心仪之物时，热内跟艾略特一样挑剔：普通人认为糟透了的，他才觉得够好，只有最低贱、最肮脏的地方才配成为他的家。热内是局外人，他不仅读懂了符号还亲手写下它们，即便身在局中他也可以做到这一点。他颠覆表象，溜到它们身后调侃它们：7月14日这天是意大利国旗日，他"穿得五颜六色，唯独没穿红色、绿色、白色，因为在这天，除了国旗三色，人们瞧不上其他任何颜色"（Genet，1966a）。最后，他终于对语言下手了，尽管手段隐蔽。他抄后路狂飙突进，终点是一种独特的语言——那种他不能像黑人一样天然拥有的语言。一旦抵达，他就开始捣蛋，把词汇推向禁区。最后，他把那种语言纳入自己"反常"的世界中。[4]

在这三个作家之间，热内最接近我们研究的对象，全书始终将热内的人生与作品奉为亚文化风格建构的典范。我们将研究重点放在畸变、改造与拒绝上，因此本书无疑是浪漫主义取向的，它必然远远偏移了社会学家，尤其是激进的社会学家应当关注的领域。我无意为越轨"问题"提供一个系统性的解释，也无意仔细研究各种社会控制机构（诸如警方、学校等），虽然这些机构在亚文化的形成中发挥了决定性作用。另一方面，我也尽量避免像很多受马尔库斯影响的作者[5]那样，将亚文化描述为"真理"的锦囊，或在亚文化形式中嵌入某些隐晦的革命潜力。用萨特的话说，我的目的在于，表明从属阶级有权（青年、黑人、工人阶级）"用构成他们的东西创造点什么出来"[6]——在美化、修饰和戏仿中，尽其所能地识别出其被强加的从属地位，进而超越它。

不过，如果认为研究了青年风格这类极流行议题，就能解决当代文化研究关注的各类矛盾，实属是愚蠢的。这种处理方式用科恩的话来说，完全是"神奇的"。例如，很有可能，任何一种亚文化成员都不会认同本书的描述，也不大可能欣然接纳本书为理解他们所做的努力。[7]毕竟，我们这些社会学家和好奇的正经人，有可能善意地扼杀那些我们本想阐释的文化形式。法农笔下的黑人的第一直觉是"对所有想要给他下定义的人说不"。不难理解，在亚文化成员眼中，我们所谓的"带有同理心"地解读从属文化，其实跟法庭、媒体高傲冷漠地给他们贴上负面标签是一回事。因此，在某种程度上，理解就意味着误解。

所以尽管热内最像我们的研究对象，到最后我们还是更靠近巴特。他理解读者的难处：一旦成为"神话学家"，便不再是"神话消费者"[8]。因此，我们必须像巴特一样与生活中的装饰静物（平凡形式与日常仪式）保持一种不稳定的智力关系。这些装饰静物的功能本是让人安心、使人产生归家之感、填平人们的欲壑，而现在，它们激发了我们的恐惧，而这些恐惧正是它们为他人舒缓的。这些装饰物的任意性就此暴露：表象不再是理所当然。纽带被切断：现在我们成了边缘人物，虽然身处社会之中，但又位于社会之外。我们分析的虽是流行文化，但这种分析本身与流行沾不上半点关系。我们只能拥有"理论上的社会性"，"私密"（in camera）地面对文本——被困于解读对象与对它的解读之间（Barthes，1972）：

我们始终在解读对象与其去神秘化的状态之间飘

浮不定，无力呈现它的总体性（wholeness）。如果我们看穿对象，那我们就解放了它，但同时也破坏了它；如果我们认可它的全部，那我们在尊重它的同时也恢复了它的神秘性。（Barthes，1972）

刚开始研究亚文化风格时，我们似乎要被拉回真实世界，重新回到"人民"当中，而到头来我们只是证明了读者无法彻底理解"文本"；"神话学家"无法彻底将日常生活去神秘化，他们虽然被日常生活包围、吸引，但最终却被它排斥。似乎我们还是像巴特一样，"暂时不得不过度谈论现实"。

致谢

　　在本书写作过程中，很多人为我提供了诸多帮助。我特别要感谢杰西卡·皮卡德与斯特亚特·霍尔，他们慷慨地牺牲了宝贵时间阅读并评论了本书稿。我还要感谢伯明翰当代文化研究中心[1]的工作人员与学生以及伍尔弗汉普顿理工学院的杰夫·赫德，他们帮助我接触到与该话题相关的最新争论。我要感谢埃丽卡·皮卡德女士投入大量时间精心修订手稿。最后，感谢达菲、迈克、唐与布拉迪这些年来的法律工作与其他支持。

---

[1]　英国伯明翰大学于1964年成立的教育文化研究组织机构，由斯图亚特·霍尔与英国教育改革家理查德·霍加特建立。

参考书目

Abrams, M. (1959), *The Teenage Consumer*, London Press Exchange.

Althusser, L. (1969), *For Marx*, Allen Lane.

—— (1971a), *Lenin and Philosophy and Other Essays*, New Left Books.

—— (1971b), 'Ideology and Ideological State Apparatuses',in *Lenin and Philosophy and Other Essays*, New LeftBooks.

Althusser, L. and Balibar, E. (1968), *Reading Capital*, NewLeft Books.

Archer, T. (1865), *The Pauper, the Thief and the Convict*.

Arnold, M. (1868), *Culture and Anarchy*.

Barker, P. and Little, A. (1964), 'The Margate Offenders: A

Survey', *New Society*, 30 July, reprinted in T. Raison(ed.), *Youth in New Society*, Hart-Davis, 1966.

Barstow, S. (1962), *A Kind of Loving*, Penguin.

Barthes, R. (1971), "The Rhetoric of the Image", *W.P.C.S.* 1 ,University of Birmingham, retranslated in S. Heath

(ed.), *Image, Music, Text*, Fontana, 1977.

—— (1972), *Mythologies*, Paladin.

—— (1977a), "The Third Meaning", in S. Heath (ed.), *Image, Music, Text*, Fontana.

—— (1977b), "Writers, Intellectuals, Teachers", in S. Heath (ed.), *Image, Music, Text*, Fontana.

Becker, H. S. (ed.) (1964), *The Other Side: Perspectives on Deviance*, Free Press.

Bennett, T. (1979), *Formalism and Marxism*, Methuen.

Berger, J. (1967), *A Fortunate Man*, Penguin.

Bigsby, C. W. E. (ed.) (1976), *Approaches to Popular Culture*, Arnold.

181

Blackburn, R. (ed.) (1972), *Ideology and the Social Sciences*, Fontana.

Blythe, R. (1972), *Akenfield: Portrait of an English Village*, Penguin.

Braine, J. (1957), *Room at the Top*, Penguin.

Breton, A. (1924), 'The First Surrealist Manifesto', in R. Seaver and H. Lane (eds), *Manifestoes of Surrealism*, University of Michigan Press, 1972.

—— (1929), 'The Second Surrealist Manifesto', in R. Seaver and H. Lane (eds), *Manifestoes of Surrealism*, University of Michigan Press, 1972.

—— (1936), 'Crisis of the Object', in L. Lippard (ed.), *Surrealists on Art*, Spectrum, 1970.

—— (1937), 'Introduction to an Anthology of Surrealist Poetry', in L. Lippard (ed.), *Surrealists on Art*, Spectrum, 1970. Brook, E. and Finn, D. (1977), 'Working Class Images of Society and Community Studies', *W.P.C.S.* 10 , University of Birmingham.

Burniston, S. and Weedon, C. (1977), 'Ideology, Subjectivity and the Artistic Text', *W.P.C.S.* 10 , University of Birmingham.

Burroughs, W. (1969), *The Wild Boys*, Caldar & Boyers.

Burrows, D. and Lapides, F. (eds) (1969), *Alienation: A Casebook*, Crowell.

Carmago-Heck, M. de (1977), 'The Ideological Dimensions of Media Messages', unpublished M.A. thesis, University of Birmingham.

Carter, A. (1976), 'The Message in the Spiked Heel', *Spare Rib*, 16 September.

Chesney, K. (1970), *The Victorian Underworld*, Penguin.

Chambers, I. (1976), 'A Strategy for Living', in S. Hall *et al.* (eds), *Resistance Through Rituals*, Hutchinson.

Clarke, J. (1976a), 'The Skinheads and the Magical Recovery of Working Class Community', in S. Hall *et al.* (eds), *Resistance Through Rituals*, Hutchinson.

—— (1976b), 'Style', in S. Hall *et al.* (eds), *Resistance Through Rituals*, Hutchinson.

Clarke, J. and Jefferson, T. (1976), 'Working Class Youth Cultures' in G. Mungham and C. Pearson (eds), *Working Class Youth Culture*, Routledge & Kegan Paul.

Cohen, A. (1955), *Delinquent Boys: The Culture of the Gang*, Free Press.

Cohen, P. (1972a), 'Sub-cultural Conflict and Working Class Community', *W.P.C.S.* 2 , University of Birmingham.

Cohen, S. (1972b), *Folk Devils and Moral Panics*, MacGibbon & Kee.

Cohen, S. and Rock, P. (1970), 'The Teddy Boy', in V. Bogdanor and R. Skidelsky (eds). *The Age of Affluence*, Macmillan.

Corrigan, P. (1976), 'Doing Nothing', in S. Hall *et al.* (eds), *Resistance Through Rituals*, Hutchinson.

Coward, R. (1977), 'Class, "Culture" and the Social Formation', *Screen*, vol. 18, no. 1.

Culler, J. (1976), *Saussure*, Fontana.

Curran, J., Gurevitch, M., Deverson, J. and Woollacott, J. (eds) (1977), *Mass Communication and Society*, Arnold.

Douglas, M. (1967), *Purity and Danger*, Penguin.

Downes, D. (1966), *The Delinquent Solution*, Routledge & Kegan Paul.

Eco, U. (1972), 'Towards a Semiotic Enquiry into the Television Message', *W.P.C.S.* 3 , University of Birmingham.

—— (1973), 'Social Life as a Sign System', in D. Robey (ed.), *Structuralism: The Wolfson College Lectures 1972,* Cape.

Eliot, T. S. (1963), *Notes Towards a Definition of Culture*, Faber.

—— (1959), *Four Quartets*, Faber.

Eluard, P. (1933), *Food for Vision*, Editions Galliard.

Ernst, M. (1948), *Beyond Painting and Other Writing by the Artist and His Friends*, ed. B. Karpel, Sculz.

Fanon, F. (1967), *Black Skins, White Masks*, Grove.

Fineston, H. (1964), 'Cats Kicks and Colour', in H. S. Becker (ed.), *The Other Side: Perspectives on Deviance*, Free Press.

Fiske, J. and Hartley, J. (1978), *Reading Television*, Methuen.

Geertz, C. (1964), 'Ideology as a Cultural System', in D. E. Apter (ed.), *Ideology and Discontent*, Free Press.

Genet, J. (1963), *The Maids*, Faber.

—— (1966a), *Our Lady of the Flowers*, Panther.

—— (1966b), *The Blacks*, Faber.

—— (1967), *The Thief's Journal*, Penguin.

—— (1971), Introduction to *Soledad Brother: The Prison Letters of George Jackson*, Penguin.

Gillet, C. (1970), *The Sound of the City*, Sphere.

Godelier, M. (1970), 'Structure and Contradiction in "Capital" ', in M. Lane (ed.), *Structuralism: A Reader*, Cape.

Goffman, E. (1971), *The Presentation of Self in Everyday Life*, Penguin.

—— (1972), *Relations in Public*, Penguin.

Goldman, A. (1974), *Ladies and Gentlemen, Lenny Bruce*, Panther.

Goodman, P. (1968), 'Objective Values', in C. Cooper (ed.), *The Dialectics of Liberation*, Penguin.

Hall, S. (1974), 'Deviancy, Politics and the Media', in P. Rock and M. McIntosh (eds), *Deviance and Social Control*, Tavistock.

—— (1975), 'Africa is Alive and Well and Living in the Diaspora', unpublished paper given at UNESCO conference.

—— (1977), 'Culture, the Media and the "Ideological Effect" ', in J. Curran *et al.* (eds), *Mass Communication and Society*, Arnold.

Hall, S., Clarke, J., Jefferson, T. and Roberts, B. (eds) (1976a), *Resistance Through Rituals*, Hutchinson.

—— (1976b), 'Subculture, Culture and Class', in S. Hall *et al.* (eds), *Resistance Through Rituals*, Hutchinson.

Hamblett, C. and Deverson, J. (1964), *Generation X*, Tandem.

Harvey, S. (1978), *May '68 and Film Culture*, British Film Institute.

Hawkes, T. (1977), *Structuralism and Semiotics*, Methuen.

Hannerz, U. (1969), *Soulside: An Inquiry into Ghetto Culture and Community*, Columbia Press.

Heath, S. (ed.) (1977), *Image, Music, Text*, Fontana.

Hebdige, D. (1976), 'Reggae, Rastas and Rudies', in S. Hall *et al.* (eds), *Resistance Through Rituals*, Hutchinson.

Hell, R. (1977), interview in *New Musical Express*, 29 October.

Hentoff, N. (1964), *The Jazz Life*, Panther.

Hiro, D. (1972), *Black British, White British,* Penguin.

Hoggart, R. (1958), *The Uses of Literacy*, Penguin.

—— (1966), 'Literature and Society', *American Scholar*, Spring.

Ingham, R. (ed.) (1977), *Football Hooliganism*, Interaction Imprint.

Jefferson, T. (1976a), 'The Cultural Meaning of the Teds', in S. Hall *et al.* (eds), *Resistance Through Rituals*, Hutchinson.

—— (1976b), 'Troubled Youth, Troubling World', in G. Mungham and G. Pearson (eds), *Working Class Youth Culture*, Routledge & Kegan Paul, 1976.

Jones, Le-Roi (1975), *Blues People*, MacGibbon & Kee.

Kenniston, K. (1969), 'Alienation and the Decline of Utopia', in D. Burrows and F. Lapides (eds), *Alienation: A Casebook*, Crowell.

Kerouac, J. (1958), *On the Road*, Deutsch.

Kristeva, J. (1974), *La Revolution du langage poetique*, Seuil.

—— (1975), 'The Speaking Subject and Poetical Language', paper presented at

University of Cambridge.

—— (1976), 'Signifying Practice and Mode of Production', *Edinburgh '76 Magazine*, no. 1.

Kidel, M. (1977), 'Trenchtown', *New Statesman*, 8 July.

Lackner, H. and Matias, D. (1972), 'John Ford's *Young Mister Lincoln*', *Screen*, vol. 13, no. 3, originally published in *Cahiers*, no. 233, 1970.

Laing, D. (1969), *The Sound of Our Time*, Sheen & Ward.

Lane, M. (ed.) (1970), *Structuralism: A Reader*, Cape.

Lautréamont, Comte de (1970), *Chants du Maldoror*, Alison & Busby.

Lefebvre, H. (1971), *Everyday Life in the Modern World*, Allen Lane.

Levi-Strauss, C. (1966), *The Savage Mind*, Weidenfeld & Nicolson.

—— (1969), *The Elementary Structures of Kinship*, Eyre & Spottiswood.

Lippard, L. (ed.) (1970), *Surrealists on Art*, Spectrum.

MacCabe, C. (1974), 'Notes on Realism', *Screen*, vol. 15, no. 2.

—— (1975), 'Theory and Film: Principles of film and pleasure', *Screen*, vol. 17, no. 3.

Mailer, N. (1968), 'The White Negro', in *Advertisements for Myself*, Panther.

—— (1974), 'The Faith of Graffiti', *Esquire*, May.

Marx, K. (1951), 'The Eighteenth Brumaire', in *Marx and Engels Selected Works*, vol. 1, Lawrence & Wishart.

—— (1970), *Capital*, Lawrence & Wishart.

Marx, K. and Engels, F. (1970), *The German Ideology*, Lawrence & Wishart.

Masson, A. (1945), 'A Crisis of the Imaginary', *Horizon*, vol. 12, no. 67, July.

Matza, D. (1964), *Delinquency and Drift*, Wiley.

Matza, D. and Sykes, G. (1961), 'Juvenile Delinquency and Subterranean Values', *American Sociological Review*, no. 26.

Mayhew, H. *et al.* (1851), *London Labour and the London Poor*.

Melly, G. (1970), *Owning Up*, Penguin.

—— (1972), *Revolt into Style*, Penguin.

Mepham, J. (1972), 'The Structualist Sciences and Philosophy', in D. Robey (ed.), *Structuralism: The Wolfson College Lectures 1972*, Cape, 1973.

Mepham, J. (1974), 'The Theory of Ideology in "Capital" ', *W.P.C.S.*, no. 6, University of Birmingham.

Miller, W. (1958), 'Lower-Class Culture as a Generating Milieu of Gang Delinquency', *Journal of Social Issues*, 15.Millett, K. (1972), *Sexual Politics*, Sphere.

Mungham, G. (1976), 'Youth in Pursuit of Itself', in G. Mungham and G. Pearson (eds), *Working Class Youth Culture*, Routledge & Kegan Paul.

Mungham, G. and Pearson, G. (eds) (1976), *Working Class Youth Culture*, Routledge & Kegan Paul.

Nochlin, I. (1976), *Realism*, Penguin.

Nowell-Smith, G. (1976), Introduction to J. Kristeva, 'Signifying Practice and Mode of Production', *Edinburgh '76 Magazine*, no. 1.

Nuttall, J. (1969), *Bomb Culture*, Paladin.

Picconne, P. (1969), 'From Youth Culture to Political Praxis', *Radical America*, 15 November.

Raison, T. (ed.) (1966), *Youth in New Society*, Hart-Davis.

Reverdy, P. (1918), *Nord-Sud*.

Roberts, B. (1976), 'Naturalistic Research into Subcultures and Deviance', in S. Hall *et al.* (eds), *Resistance Through Rituals*, Hutchinson.

Robey, D. (ed.) (1973), *Structuralism: The Wolfson College Lectures 1972*, Cape.

Russell, R. (1973), *Bird Lives!*, Quartet.

Sartre, J. -P. (1964), *Saint Genet, Actor and Martyr*, Braziller.

—— (1966), Introduction to J. Genet, *Our Lady of the Flowers*, Panther.

—— (1970), Interview in *New York Book Review*, 26 March.

Saussure, F. de (1974), *Course in General Linguistics*, Fontana.

Seaver, R. and Lane, H. (eds) (1972), *Manifestoes of Surrealism*, University of Michigan Press.

Scholte, B. (1970), 'Epistemic Paradigms', in E. Nelson Hayes and T. Hayes (eds), *Levi-Strauss: The Anthropologist as Hero*, MIT Press.

Shattuck, R. (1969), *The Banquet Years: Origins of the Avant-Garde in France 1885–World War One*, Cape.

Sillitoe, A. (1970), *Saturday Night and Sunday Morning*, Penguin.

Sontag, S. (1970), 'The Anthropologist as Hero', in E. Nelson Hayes and T. Hayes (eds), *Levi-Strauss: The Anthropologist as Hero*, MIT Press.

Taylor, I. and Wall, D. (1976), 'Beyond the Skinheads', in G. Mungham and G. Pearson (eds), *Working Class Youth Culture*, Routledge & Kegan Paul.

Thompson, E. P. (1960), 'The Long Revolution', *New Left Review*, nos 9 and 10.

Thrasher, F. M. (1927), *The Gang*, University of Chicago Press.

Tolson, A. (1977), 'The Language of Fatalism', *W.P.C.S.*, no. 9, University of Birmingham.

Vermorel, F. and Vermorel, J. (1978), *The Sex Pistols*, Tandem.

Volosinov, V. N. (1973), *Marxism and the Philosophy of Language*, Seminar Press.

Westergaard, J. H. (1972), 'The Myth of Classlessness', in R. Blackburn (ed.), *Ideology and the Social Sciences*, Fontana.

White, A. (1977), 'L'eclatement du sujet: The Theoretical Work of Julia Kristeva', paper available from University of Birmingham.

Whyte, W. F. (1955), *Street Corner Society*, Chicago University Press.

Williams, R. (1960), *Border Country*, Penguin.

—— (1961), *Culture and Society*, Penguin.

—— (1965), *The Long Revolution*, Penguin.

—— (1976), *Keywords*, Fontana.

Willet, J. (trans.) (1977), *Brecht on Theatre*, Methuen.

Willis, P. (1972), 'The Motorbike Within a Subcultural Group', *W.P.C.S.* no. 2, University of Birmingham.

—— (1977), *Learning to Labour*, Saxon House.

—— (1978), *Profane Culture*, Routledge & Kegan Paul.

Willmott, P. (1969), *Adolescent Boys in East London*, Penguin.

Winick, C. (1959), 'The Uses of Drugs by Jazz Musicians', *Social Problems*, vol. 7, no. 3, Winter.

Wolfe, T. (1969), *The Pump House Gang*, Bantam.

—— (1966), *The Kandy-Kolored Tangerine Flake Streamline Baby*, Cape.

Young, J. (1970), 'The Zoo-Keepers of Deviance', *Catalyst* 5.

—— (1971), *The Drug Takers*, Paladin.

注释

第一章

1   尽管威廉斯提出了一种更宽泛的文化新定义，但他意在补充而非挑战旧说法：

    我认为，这些定义都有其价值所在……只有掌握了过往的社会，以及我们当前社会过往阶段的知识；只有理解了那些流芳百世、富有知识与想象力的作品，才能完整地描述文化，或至少是合理地描述文化……我认为"理想型"文化定义中的某些因素是有价值的。（Williams，1965）

2   索绪尔在《普通语言学教程》中强调，语言符号具有任意性。在索绪尔看来，语言是一组组相互关联的值构成的系统，符号是"能指"（signifier）（例如单词）与"所指"（signified）的任意对应（即"概念是因它与系统中其他词语的对应关系而被反向定义的"）。所有的符号构成了一个系统，其中各元素都因自己在关系系统中的相对位置（即它与其他元素的关系），在同一与差异的辩证法中被定义。索绪尔推测采取这种方式也能研究其他意义系统（例如时尚与烹饪），语言学最终将融入一般性符号科学（即符号学）之中。

3   近年来，这个词十分流行，于是人们愈发滥用它，此处我沿用的是路易斯·阿尔都塞所确立的非常精准的内涵："一个词语或一个概念的'问题域'，指的是理论或意识形态的框架，在这个框架当中，该词语或概念足以创设、确定与讨论特定范围或特定类型的议题与问题。"

（Althusser and Balibar，1968；亦可参见 Bennett，1979）

第二章

1 尽管诸如伦敦党卫军（London SS）这样的乐队组合从 1975 年就开始给朋克铺路，但直到性手枪乐队组建，朋克才成为一种公认的音乐风格。1976 年 2 月 21 日，《新音乐快递》刊登了性手枪的第一篇乐评，至少在媒体眼中，性手枪乐队一直蕴含着朋克的精髓。朋克音乐早期最翔实的记录，当属 1976 年 4 月性手枪在西肯辛顿地区纳什维尔的演出，据称演出中途，主唱约翰·罗滕为了帮助一名卷入斗殴的乐迷而跳下舞台。然而，直到 1976 年夏天，才有了对朋克摇滚的反对声音，道德恐慌始于 1976 年 9 月，那时苏活区 100 俱乐部（译注：该俱乐部位于牛津街，1942 年以来就举办现场演出）举行了为期两天的朋克节，一个女孩在狂欢中被飞来的啤酒瓶砸伤，双眼部分失明。

第三章

1 迪利普·伊罗（Dilip Hiro）在《英国黑人，英国白人》（*Black British, White British*）中简要精悍地介绍了牙买加方言的发展过程。虽然奴隶主一般都抑制奴隶彼此交流（比如他们会把不同部落的奴隶混在一起），但奴隶们借助读唇语或模仿等方法，偷偷学会并改编了 17 世纪的英语口语。

2 慢拍摇滚（Rocksteady），牙买加流行音乐发展的中间阶段，前有斯卡曲，后有雷鬼乐。比起跳动的，有点吵闹的斯卡曲，慢拍摇滚的节奏更缓慢黏稠，但到了 60 年代末，它就让位给了更紧凑厚重也更"非洲"的雷鬼乐。

3 其实是办在音响系统里的演奏会再现了唱和传统。这些演奏会中，DJ 在音乐工作室的原曲之上进行混音和"说唱"，成为"我是罗伊"（I-Roy，一位牙买加 DJ 艺术家）所说的"供人民发声的媒介"（BBC

电台采访，1977 年 7 月）。

4　《圣经》语言也渗透到北美的黑人贫窟文化中。只消谈谈美国"灵魂乐"，便知道北美黑人也重新定义了基督教术语，就跟拉斯塔法里运动挪用《圣经》一样。灵魂乐是一种音乐流派（黑人 R&B）和一整套黑人态度（更激进的年轻黑人将其严格与"布鲁斯"和它的"汤姆叔叔"态度区分开来）（参见 Hannerz，1969；Le-Roi Jones，1975）。

5　脏辫是一些拉斯塔法里信徒编的长辫子，一开始是想模仿某些东非部落的"民族"打扮。后来，《圣经》不要"剪辫子"的劝诫，以及《参孙和大利拉》的警世故事成了拉斯塔法里信徒另类打扮的正当理由。脏辫是拉斯塔"风格"最引人注目的元素（跟大麻一样），人们被脏辫吸引而关注拉斯塔法里运动。此外，脏辫也引发众人谴责。它是最具辨识度的"有意义的差异"的能指。拉斯塔艺术家的雷鬼乐歌词也格外在意脏辫，他们会写："别碰我们人的辫子。"（I-Roy，Virgin，1976）

6　牙买加在 1962 年取得独立。新政府的政治口号是："出类拔萃，一个民族。"（Out of many, one people）

7　迈克尔·曼利从 1972 年以来就一直领导人民民主党政府（1976 年成功连任）。他将一种加勒比特色的混合物——民粹主义加《圣经》修辞——注入牙买加政治当中，在竞选活动中融入雷鬼乐和宗教隐喻。他最近的竞选口号"Under Heavy Manners"（指 1976 年的紧急状态）则是一句格外有力量、意味尤为深长的话，已经被纳入雷鬼乐词典中。

8　这一转变可被简单概括为：雷鬼乐接手旅游业成为该国第二大产业（仅次于铝土矿开采）。糖业合作社的建立、古巴对学校的资助、1976 年卡里节上牙买加政府对古巴代表团欣喜若狂的接待，乃至同年曼利的连任，种种迹象都表明牙买加正在脱离先前欧美的影响。

9　回响是器乐节奏音轨（instrumental riddim-track）。它是一段连续的没有歌词的节奏，着重突出贝斯，会大量运用声音效果和回声。用达摩特·赫西（Dermott Hussey）的话来说，回响是一种"赤裸裸的舞蹈节奏"，相关制作人跟混录工程师都已经是公认的回响"艺术家"。"说唱"艺术家会在回响中即兴插入通常是黑人主题的"祝酒"（toast）。

10　"摇滚乐"（即"重型"或"民族"雷鬼乐）这个词诞生于1976年初夏。

11　60年代中期到60年代末，牙买加兴起了一种越轨亚文化，即"粗野男孩"亚文化。他们招摇过市、"粗野冷酷"的城市人形象在若干雷鬼乐与慢拍摇滚金曲中得到美化，包括丹迪·利文斯通的《鲁迪，给你的短讯》（"Rudy a Message To You"）、呼啸乐队的《粗野男孩》（"Rude Boy"）、德斯蒙德·德克（Desmond Dekker）的《棚户区》（"Shanty Town"）和骗子帮乐队（The Slickers）的《约翰尼太坏了》。

12　"祝酒"指音响系统播放回响乐时，"说唱"DJ现场说出的独白。参见第9条注释。

13　"惊惧"是一个多义词，它似乎可以同时表达：义愤（righteousness）、《圣经》中的"愤怒"（wrath），以及因这种愤怒而激发的恐惧（fear）。

14　发生在1976年诺丁山狂欢节上的暴力事件，其起因是大量警察出现在阿克拉姆路，而那里的天桥下有几个音响系统。1977年加勒比嘉年华上不太严重的骚乱也集中在这个官方认定的"骚乱地带"。罗伯特·马克爵士在1976年骚乱事件后向公众保证说，他不允许任何一个"禁区"存在，人们怀疑他说的就是阿克拉姆路的音响系统。

15　1974年秋天，警察突袭加勒比俱乐部，引发了一场激烈斗殴，最后四名黑人青年被捕，随后被无罪释放。

16　参见Tolson，1977。他关注有关"留在你原来的位置上"的意识形态建构如何表现在工人阶级的言说模式之中。

17　乌尔夫·汉纳兹（Ulf Hannerz）在美国贫民窟文化中也看到了类似的转变，他认为这种身体行动模式的调整与黑人青年自我概念的转变有关。他提出，黑人青年正在定义自身，他们反对低调的父辈文化。他引用了一位受访者的话，其明确表示坐立不安意味着恭敬与顺从，而这已经过时了："他们（'汤姆叔叔'）说：'好的，先生。''不，

先生'。他们永远坐立不安。"（Hannerz，1969）

18　1977 年 5 月起，"谦逊雄狮"（humble lion）和"跳舞者"（stepper）
　　取代了"摇滚乐"，成了"重型雷鬼乐"和回响雷鬼乐的代名词（参
　　见《黑人回声》1977 年 7 月 18 日刊）。

19　拉斯塔法里信徒对"自然本性"和"自然人"的关注表现在歌词中。
　　比格·约斯在著名的讽刺说唱歌曲《潇洒人士不是小丑》（"Natty no
　　Jester"，Klik 唱片公司，1975）中鄙视白人穿的布料："潇洒人士不
　　是小丑，他才不穿涤纶衣服。"

20　纳特·亨托夫（Nat Hentoff）在《爵士人生》中描绘了 20 世纪 50
　　年代海洛因成瘾与爵士乐灵感之间的神话关联。年轻的音乐人企图
　　再现查理·帕克和法兹·纳瓦罗（二人都是海洛因成瘾者）的"硬
　　派"嗓音，遂开始吸食海洛因。亨托夫称之为"针尖上的模仿"。
　　莱·罗·琼斯在《布鲁斯民族》当中将吸食海洛因定义为"最高级别
　　的单挑"，它将"黑人与主流社会的疏远变成一种优势"。那些一心想
　　把自己对黑人的情感亲和力转为真实同盟关系的白人爵士乐迷，会觉
　　得海洛因也同样具有符号层面的吸引力（另见哈罗德·费内斯通刊载
　　在《另一面》上的文章《爵士乐手（迷）、快感与肤色》）。

第四章

1　当然，不能认为真正的黑人摇摆乐乐团（例如贝西伯爵、艾灵顿公爵
　　等）也适用于这些指控。

2　查理·帕克（Charlie Parker，1920—1955）是最负盛名的比波普爵士
　　代表人物。比波普爵士于 20 世纪 40 年代晚期到 50 年代早期发展起
　　来。它有着长而繁复的即兴乐句，采用爵士乐标准曲目的和弦进行，
　　这些即兴乐句具有实验性质，听感往往"不和谐"。比波普刻意切断
　　了与白人古典音乐传统的联系，例如它独特的多节奏鼓技巧（poly-
　　rhythmic drumming），在爵士术语中被称为"扔炸弹"（dropping
　　bombs）。据亨托夫所说，"像白人一样演奏"或"白鬼"（ofay）是爵
　　士乐手词典里最具侮辱性的词汇之一。查尔斯·威尼克（译注：美国

心理学家，人类学与社会学教授，主要研究领域是性别、毒品滥用与性交易）认为比波普与前卫爵士（progressive jazz）"冷静超然"的听感源于音乐人滥用海洛因（参见 Winick, 1969）。

3 20 世纪 40 年代中期，明顿俱乐部（Minton Playhouse）举行了一系列爵士即兴演奏，后来纽约市西 52 街上的一些小型俱乐部——例如玛瑙俱乐部（The Onyx）、名门俱乐部（Famous Door）、萨摩亚俱乐部（Samoa）、下拍俱乐部（Downbeat）、聚光灯俱乐部（Spotlight）、三次二点俱乐部（Three Deuces）——也加入进来，纽约之声便脱胎其中。查理·帕克、迪齐·吉莱斯皮（Dizzy Gillespie）与特洛尼奥斯·蒙克（Thelonius Monk）三人是纽约之声中最响亮的名号，他们的音乐也塑造了整个地下文化（墨镜、贝雷帽、海洛因、最低限度的观众互动等等）（可参见 Russell, 1972）。

4 任何对垮掉派与爵士乐迷风格的文化背景感兴趣的读者，都应该读一读阿尔伯特·戈德曼（译注：美国学者，撰写了有关美国音乐行业知名人物的书目与文章）所著的《女士们先生们，这是莱尼·布鲁斯》（Ladies and Gentlemen, Lenny Bruce）。戈德曼坚称莱尼·布鲁斯（译注：美国单口喜剧演员、社会批评家与讽刺作家）影响了当代爵士，他认为像布鲁斯、巴克利勋爵（Lord Buckley）、比波普迷哈里·吉布森（Harry Gibson）等搞怪大师的即兴发挥的机灵"说唱"（或"喷射"）也是当代爵士的源流，它们都是"一个不耐烦的过程，'短路'显而易见的东西、掩盖传统"。

5 大众媒体恶魔论很快便将"爵士乐 = 毒品 / 犯罪"奉为圭臬，所以媒体报道多半都歪曲事实。例如，亨托夫发现，1957 年一位普通的商业钢琴师因犯谋杀案在华盛顿被捕，但小报却报道称他是"爵士乐钢琴师"。在整个 50 年代，新港爵士音乐节上垮掉派的年度聚会都是道德恐慌的焦点，跟 60 年代中期英国南海岸度假村的摩登摇滚族"入侵"时如出一辙。

6 "反文化"指的是 60 年代发展起来的"另类"中产阶级青年文化混合体（包括嬉皮士、花童、易皮士），在 1967—1970 年间达到高峰。如霍尔等人（1976a）所言，反文化与我们当前研究的亚文化不同，前者有反对主流文化的明确的政治与意识形态形式（包含政治行动、哲学体系、宣言，等等），会精心规划"替代性"机构（包含地下媒体、公社、合作社、"无职业"，等等），还会将人生过渡阶段"拉长"到青春期以后，模糊工作、住宅、家庭、学校与休闲之间的界限，但亚文化会严格保持这些界限。

前文已经说过，亚文化对主流的反对转移到符号性的抵抗形式中，而中产阶级青年的反抗则以更清晰、自信、直接的方式表达，（于我们而言）也就更容易"解读"。

7　杰弗逊提出，在西伦敦的贫民窟，人们普遍认为移民会从事敲诈勒索与卖淫的勾当，泰迪男孩由此对移民心怀敌意。

8　可参见梅利（1972）对50年代英国爵士乐界有趣而翔实的报告，其中全面地介绍了复兴爵士（Revivalist jazz）、噪音爵士（skiffle）与传统爵士。

9　美国艺术史学家琳达·诺奇林（Linda Nochlin）在《现实主义》（*Realism*）一书中，也描写了60年代的花花公子沉迷细节而不管衣服质地、颜色与款式的姿态：

　　与流行看法相反，花花公子的服装正因其内敛而与众不同，不管是衣服的颜色还是质地都很低调……尽管可供选择的面料丰富多样，他们还是很克制，一般不会选择浮夸的面料，只肯在微妙的细节上花心思，借此展现自己的独特品位，只有"内行人"才看得明白。

10　80岁的前农场工人约翰·格兰特回忆道，劳工们用传统的恭敬态度掩饰内心强烈的自豪，虽然他们收入微薄，但这种奇妙的自豪感却让他们觉得工作"是自己的"："他们……勤勉地工作，因为那是他们自己的事。工作属于他们自己。"（Blythe，1972）

11　根据巴克尔与李特尔1964年的研究，摩登平均周薪约为11英镑，他们要么是半熟练工人，要么是办公室职员，而摇滚族则一般是非熟练工人，赚得也更少。由于没有针对泰迪男孩的类似调查，我们只能从当代叙述中推断泰迪男孩的阶级出身与工作性质。不过，斯坦·科恩（Stan Cohen）与保罗·洛克（Paul Rock）的"泰迪男孩"研究，以及托尼·杰弗逊（Tony Jefferson）的"泰迪男孩的文化回应"研究都认为泰迪男孩阶级地位低下，接近贫民。

12 戈德曼在这里提到了一个传统的罪恶地下社会的意象，它彻底否定了"正派"价值观：

> 那是个人人都很守规矩的年代（50年代的美国），人们相信在生活熟悉的表面之下，潜藏着一个不合时宜的地下世界。那里的常客有残忍的欲望，漠视道德，以暴力反抗中产阶级规范，塑造自己激越的英雄形象。

13 热内比较了犯罪俚语与"加勒比男性的语言"，认为二者本质上都保留了男性特质："……这是一种第二性征。就像是雄鸟五彩的羽毛，就像象征着部落战士特权的五彩丝衣。它是羽冠，也是靴刺。"（Genet，1966）

14 "秃头疯子"在1974年到1975年左右在雷鬼乐中被滥用一气，它字面意义指的是那些不留"脏辫"的人，也可以指代所有固守巴比伦的"罪人"。

15 当时，卡特不满女性时尚40年代复古潮，她不断谈着"无助的图像学"，指责时装设计师和那些穿高跟鞋的女性走的路子是"脚的修正主义"。

16 最明显地利用雷鬼乐这一潜在"威胁"的是国民阵线（译注：National Front，为英国的一个极右翼新法西斯主义政党，在70年代的鼎盛时期，虽然从来没有在英国议会获得过席位，但有少数地方议员）。其实，国民阵线把拉斯塔法里主义看作"黑人杆菌"，例如它的某张海报上就印了张黑人脸，脏辫融入英国国旗，是英国文化表面名副其实的"污渍"。

17 萨特的名文（1963）不仅给热内的作品增添了启发性，还在亚文化普通心理学上颇有洞见。萨特认为，热内有意将犯罪艺术化，这是一种真正的自我超越的"英雄主义"行动。热内生来是个私生子，被一户农民收养，9岁时就被人当作小偷。他系统性地违反了公民规范、性道德与道德法则，他憧憬那种绝对卑劣的生活，但最后却"比肩圣人"。热内自己曾说过（1967）："……我们滋养最招人嫌恶的创口，以此唤起人们的同情心。我们的存在就是对你幸福生活的责怪。"凯特·米利特在《热内的性政治》当中写道，热内"虽遭受肉体与精神的双重折磨，但那也是圣人的胜利"。

18 朋克们看起来都是一副营养不良的样子：瘦削意味着拒绝。粉丝杂志的刊文里全是"肥头大耳的商人"和"猪屁股资本家"。即兴乐队的保罗·韦勒断然表示不能把罗杰·戴尔托（谁人乐队的主唱）的最新曲目当回事，因为"你不可能挺着啤酒肚玩儿摇滚"（《新音乐快递》1977年5月7日刊）。似乎所有奇观式亚文化"神奇解决方案"的关键都在于从隐喻性参考框架到现实性参考框架的转化。

19 参见理查德·赫尔，《新音乐快递》1977年10月29日刊。他阐述了改名的朋克学意义："我想通过摇滚乐表达：是你创造了你自己。这就是我改名的原因。"朋克们追求"完美"，所以他们常常使用化名，例如保罗·格洛斯克、席德·维瑟斯、约翰尼·罗滕等。

20 1977年10月，一名朋克向我保证说，朋克唯一的政治意义就是"我们和黑人是一样的"，他边说边双手合十，向我示意这两个群体的利益不可分割。

21 可以听听埃尔维斯·科斯·特洛（Ehis Costello）的《注意探子》（"Watching the Detectives"），它明显用到了雷鬼乐的节奏。朋克回响乐由一系列独立录制的音轨构成，一个叠一个，但不会完全同步。毫不夸张地说，回响乐让听众得以从流行美学（不惹眼的自然主义，也就是技术娴熟的作品）中解放出来，它保证了录音室的开放性。

22 雏鸟乐队（Yardbirds）、他们乐队（Them）、动物乐队（The Animals）、美丽坏东西乐队（The Pretty Things）和滚石乐队等R&B乐队都很乐意承认他们的灵感源自美国黑人。贾格尔经常说他著名的舞蹈表演参照了詹姆斯·布朗的舞台表演。小脸乐队（Small Faces）、谁人乐队、祖特·曼尼（Zoot Money）的乐队、乔治·费姆与蓝焰乐队（Georgie Fame and the Blue Flames）都很受年轻人喜欢，他们翻唱灵魂乐的经典曲目（尤其是鲍比·布兰德、詹姆斯·布朗、奥蒂斯·雷丁和威尔森·皮克特原唱的那些）。对20世纪50年代和60年代美国黑人音乐的全面描述，请参见查理·吉列特的《城市之声》。

23 这些时期的亚文化风格在朋克乐队中被"打乱"了，一些美国朋克乐队的歌词和自我介绍刻意重申了"疯狂混乱"的青春期主题，这是摇滚早期的风格（例如香格里拉乐队 [The Shargri-Las]）。

第五章

1 美国社会学家与心理学家往往会强调说，青春期是以仪式冲突为特征的个人主义时期与过渡时期：

> 虽然不同文化对"孩子气"与"成人"的定义不同，但每种文化都会要求孩子改变自己习惯性的思维、感觉与行动，而这种改变会引发精神错乱，因此对个体和文化来说都是一个"麻烦"。（Kenniston, 1969）

比较法固然会有所启发，但也可能掩盖重要的历史性与文化性差异。我们对总体青年情况的了解十分有限。

2 参见霍加特（1958）。在左派阵营有关工人阶级阶级意识淡化的论辩中，最知名的当属 E. P. 汤普森与 C. 赖特·米尔斯教授的争锋，后来韦斯特加德（John Westergaard）、洛克伍德（David Lockwood）与帕金（Frank Parkin）在二人基础上进一步拓展。这场学术争论主要集中在一个问题：战后的一些新态势（诸如消费主义的兴起、工人生活富裕的前景、极度贫穷人口的缩减、传统社区遭受的侵蚀、阶梯式的教育供给、工会的作用、大众媒体的影响，等等）是否持续导致工人阶级"资产阶级化"（尤其可以参考 Thompson, 1960；Westergaard, 1972）。布鲁克与芬恩在合著（1977）中收录了洛克伍德与帕金对这场论辩精彩的总结与批评。

50 年代"愤怒的青年"派创作的小说中，展现了战后废墟与相对富裕、旧习惯与新欲望等的怪异混搭。以下几位作者的作品颇具代表性：约翰·布莱恩（John Braine）的《向上爬》（*Room at the Top*, Allen Lane, 1957）、斯坦·巴斯托（Stan Barstow）的《一种爱》（*A Kind of Loving*）与艾伦·西利托（Alan Sillitoe）的《周六午夜与周日早晨》(*Saturday Night and Sunday Morning*, Signet, 1970)。

3　在 1945—1950 年间,青少年实际工资的平均增速大约是成人的两倍(参见 Abrams,1959)。

4　唐斯对斯蒂芬尼和波普拉尔的街角男孩文化的研究,以及威尔莫特对贝斯纳尔格林的青少年选择的调查都揭示出无阶级青少年神话的虚伪之处。唐斯提出,"犯罪解决方案"(delinquent solution)是工人阶级青年用以实现"青少年文化"目的的手段,因为他们没有合法手段可用。威尔莫特强调了东伦敦青年文化的地方特性:青年们还是把空闲时间跟金钱用在了"工作区"(manor),而没有花在西伦敦新开的时装店与迪斯科舞厅里。

5　梅休(1851)与阿切尔(1865)是最早想要仔细呈现东伦敦"贫民窟"(rookeries)罪恶地下世界的人(参见 Chesney,1972,这本书对梅休与阿切尔的调查做了非常易懂的总结)。

6　查尔斯·狄更斯的《雾都孤儿》(1838)与阿瑟·莫里森的《杰戈之子》(*A Child of the Jago*, 1896)、《墙上的洞》(*The Hole in the Wall*, 1902)。

狄更斯无须多言,但阿瑟·莫里森的小说也许较不为人知。莫里森以他在臭名昭著的杰戈贫民窟的童年经历为蓝本创作了小说。他和狄更斯精妙地刻画出了 19 世纪中期的贫民窟生活,的确是一幅悲惨画面。

7　可参见罗伯特(1976)对参与式观察研究进展与问题的详尽综述:"参与式观察从未被看作可以完全代替实证主义的方法论……反倒先成了社会学中的'亚文化',是主流社会学当中一块更加人性化也更富'同理心'的飞地。"另可参见乔克·杨(Jock Young,1970)对越轨社会学内在矛盾的分析。

8　在《犯罪与顺其自然》(*Delinquency and Drift*)中,大卫·马察(David Matza)稍稍修正了他原先的观点。他描述了青春期男生顺其自然地逾越规则。他们因为追求地下目标与价值而越轨,标签化则更加剧了这一切。

9　艾布拉姆斯做的是市场研究,而非社会学调查,他尤其好奇如何在美国模式的基础上开辟英国的青年市场。他认为在战后富裕社会中，唯一最重要的差别就是年龄，而非阶级："经济普遍繁荣的背景下，从阶级角度进行的社会研究日益乏味，年龄相关的差别将取代阶级的重要性。"

10 可以听一下乔纳森·里奇曼（译注：美国歌手、词曲作者与吉他手，前朋克乐队现代恋人的创始人）的《哔哔鸟》（"Road-runner"）或《我爱现代世界》（"I'm in love with the Modern World"）。所有塑料材质生活的颂歌无疑都蕴含浓厚的讽刺色彩。

11 这似乎是罗斯·科沃德（Ros Coward）在《阶级、文化与社会构型》（*Class, Culture and the Social Formation*）中所批评的观点：

> 这种观点预设了一种先验的立场，即马克思主义理论必然服务于社会主义思潮。因此，它低估了理论与政治接合过程中不容忽视的难题，也低估了这些实例相互决定的可能性。

科沃德继续写道：

> 亚文化群体研究认为历史是某些内在法则（在这里指的是经济矛盾）渐渐显露的过程……它混淆了意识与政治的、意识形态的表征，最终只凭"信念"说事：它坚信工人阶级可以化解一切冲突，他们不知怎的就掌握了一切，成了社会主义社会中的完人。

科沃德从拉康的理论出发，她坚持认为不应再研究文化（她认为文化是一种"理想主义者"的建构物），而应该分析语言中单个主体的构成。（至于对科沃德这篇文章的回应，可以参见 *Screen,* Autumn 1978, Vol. 18, No. 3。）

12 顾名思义，重金属是一种具有更震撼效果的基本摇滚流派，靠连续重复吉他节奏达到效果。重金属中毒者一头长发，穿着牛仔裤跳"白痴"舞步（"白痴"二字已经说明了一切）。重金属收获了很多学生乐迷，不过它在工人阶级中也很火。它似乎奇特地混合了爵士迷审美与足球看台上的大男子主义。

13 可参见斯图亚特·霍尔（1977）、约翰·费斯克与约翰·哈特利（John Fiske and John Hartley, 1978）。媒体在塑造与维持共识上发挥了关键作用。霍尔称，"在我们这种社会中，媒体始终负责重要的意识形态工作，它在'主导意识形态话语'"里"分类现实世界"。媒体不断地在主导意识形态"偏爱"与"排斥"的解读之间，在有意义与无意义之间，在正常与越轨之间划界、重新划界。霍尔还顺便定义了"文化""意识形态"与"表意"（signification），并将这些概念串联起来。一条脚注显然无法全面评析霍尔这一信息含量颇高、覆盖范围颇广的论点，只能建议读者自行阅读相关材料。

第六章

1 节选自 1964 年惠特森音乐节上，马尔盖特地方法官乔治·辛普森博士在"摩登族对摇滚族"的冲突之后发表的讲话。在研究越轨社会学的社会学家看来，该演讲是修辞华丽、过犹不及的范例，值得全句引用："这些留着长发，精神不稳定的小阿飞，纸糊的恺撒（sawdust Caesars），微不足道，不值一提。他们胆小如鼠，只敢成群结伙地搞破坏。"（Cohen，1972）

2 1976 年 12 月 1 日，性手枪乐队登上了泰晤士电视台的傍晚节目《今日》。主持人比尔·格兰迪采访他们时，他们一直骂着"小子""混蛋""干"。报纸后来报道称，节目播放过程中不断有父母打来电话投诉，他们被节目吓坏了。节目还引发了不寻常的后果，《每日镜报》12 月 2 日报道了一名卡车司机因为性手枪乐队大动肝火，一脚踹进了彩色电视机的屏幕："我也能像他们一样骂脏话，但是我不想在家庭下午茶时间听到这种脏东西。"

3 1977 年，性手枪乐队发布了他们的第一支 LP——《别管那些鸟事》，警方以猥亵罪起诉了乐队但最终败诉。

4 1977 年 1 月 4 日，性手枪乐队在希思罗机场的机组人员面前吐口水、呕吐。《晚间新闻》引用了负责登机登记的女性工作人员的话："这伙人是我见过的最恶心的家伙。他们淫秽下流，令人作呕。"两天后，报纸刊登了对这次事件的报道，乐队演出被叫停。

5 1977 年 8 月 1 日《每日镜报》的社论版刊载了一篇态度暧昧的评论。

作者"严肃"思考泰迪男孩与朋克在国王路上的暴力冲突,将其与十年前海边发生的骚乱做了对比:"我们决不允许(冲突)发展成几年前某些海滨城市里摩登族与摇滚族之间的激烈械斗那样。"道德恐慌的话语可以重复使用,甚至同一桩事件在多年以后用同样的预言口吻重新回顾时,也还是一样叫人愤慨。

6 给劳动产品打上商品烙印,因而成为商品流通的前提的那些性质,在人们试图解释 [社会生活的形式](并不是解释它们的历史性质,因为人们已经把这些形式看成是不变的了)以前,就已经稳固于社会生活的自然形式之中了。(Marx, 1970)

7 科恩的《民间恶魔与道德恐慌》是道德恐慌的权威之作。摩登族与摇滚族只是两个定期引发道德恐慌的"民间恶魔"(还有很多其他的民间恶魔,这些都是社会定义的邪恶角色,告诫人们应该远离他们)。

社会似乎会定期陷入道德恐慌。所谓的道德恐慌时期就是:特定状况、事件、个人或群体对社会价值和公共利益构成威胁;大众媒体以风格化的刻板方式呈现这一切;编辑、主教、政治家和其他正义人士看管道德堡垒;被社会认可的专家宣布他们的诊断与处方;应对方法不断改进,人们更频繁地诉诸这些处理方法;接着,引发道德恐慌的状况要么消失、被遏制;要么更加恶化、更加猖狂。(Cohen, 1972)

朋克亚文化激起的官方回应体现了道德恐慌的所有典型症状:朋克演唱会被取消;神职人员、政治家和学者一致谴责年轻人堕落不堪。在那些更克制审慎的人当中,已故的兰贝斯北区议员马库斯·利普顿说:"如果流行音乐要摧毁我们的既定规范,那么首先应该被摧毁的是流行音乐。"罗姆福德的议员伯纳德·布鲁克·帕特里奇则暴跳如雷:"性手枪乐队残暴至极,令人作呕。我认为他们的所作所为就是要煽动人们做坏事……这是蓄意煽动反社会行为的行为。"(《新音乐快递》1977 年 7 月 15 日报道)

8 另可参见《朋克也有母亲:她们透露给我们某些家庭真相》(载于《妇女界》1978 年 4 月 15 日刊)与《朋克与母亲》(载于《妇女界》1977 年 10 月 15 日刊)。杂志就这些文章写了社论(这是否说明媒体工作者认识到有必要反读者之道而行之?)。下面这则逸事刊登在一张照片下方，照片上是两个正在跳舞的泰迪男孩：

有一天，我无意中听到了两位年长女士的谈话。当时有一帮看起来很吓人的朋克走过她们身边，她们惊恐万分地说："他们的孩子该是什么样子啊！"我相信很多人都对泰迪男孩（如图所示）、摩登族和摇滚青年说过这种话。这让我好奇，他们长大以后会是什么样呢？我估计他们会把西装套装塞进衣橱，把滑板车放进车库，安顿下来过体面安静的日子，照顾孩子，迫切地希望他们别卷入这些可怕的朋克式事件当中。

9　"艺术家的创造力童话是西方文化最后的迷信。超现实主义的首个革命行为之一就是攻击这个神话……"（Max Ernst，"What is Surrealism?" quoted in Lippard，1970）

10　"超现实主义的创造发生在每个人的意识层面"（surrealist tract quoted in Lippard，1970）。另见保尔·艾吕雅（译注：法国诗人，参与达达主义运动与超现实主义运动，以及反法西斯斗争）："我们已经过了艺术家个人练习的时期。"

1978 年伦敦海沃德画廊举办了庄严崇高的超现实主义展览，这场展览颇具讽刺性，因为它想树立个别超现实主义者的艺术家声誉，让公众承认他们是"天才"。对朋克与超现实主义的比较可参见下文"作为拼接的风格"和"作为反叛的风格"两部分。正值英国首场达达主义与超现实主义大型展览的布展，朋克被高级时尚吸纳。

11　12 月 7 日，EMI 公司终止与性手枪乐队的合同之前的一个月，唱片公司总经理约翰·里德爵士在年度大会上发表了如下声明：

一直以来，EMI 唱片公司都行体面之事，塑造良好品位。任何时候，公司在顾及某个社会阶层严苛传统的同时，也会包容其他社会阶层（也许是很多人）日益开明的态度……与 20 年前甚或 10 年前相比，现在什么态度是体面且有品位的？

面对当前的社会情形，EMI 必须就唱片内容做出价值判断。性手枪乐队是创作"朋克摇滚"这一新音乐形式的流行乐团。1976 年 10 月，EMI 为其录制唱片，与其签约。我们要知道唱片工业已经签下了很多流行乐团，它们最初也充满争议，不过一旦时机成熟，它们就完全被大众接受，而且能为现代音乐的发展做出巨大贡献……EMI从没想过要充当公共审查员，但它的确鼓励克制。（quoted in Vermorel, 1978）

尽管 EMI 最终和性手枪乐队撕破脸了（合同终止时，EMI 向性手枪乐队支付了大约 4 万英镑），但 EMI 和其他唱片公司一样，还是选择无视显而易见的矛盾，即它们签下的乐团会公开承认自己不专业，做出的音乐不具备音乐性，只是为了赚钱。1977 年冲撞乐队在彩虹剧院那场著名的"白色骚乱"表演期间，观众兴奋地捣毁椅子并扔向舞台，剧院的最后两排几乎坐满了唱片主管和星探（当然他们的椅子毫发无损），CBS 唱片公司心甘情愿地赔付了所有损失。再也没有比这更清楚的事实了，符号的攻击丝毫打不到实际的机构。不过唱片公司也不是事事顺心。性手枪乐队从 A&M 公司和 EMI 公司那里拿到了五位数的赔偿，而当他们的 LP（最终由 Virgin 公司录制）最终上架时，其内容不留情面地抨击了 EMI，罗滕用毒舌鼻音唱着：

你以为我们都在假装

你以为我们只想赚钱

你不相信我们追求真实

否则你就会失去你那廉价的吸引力

我们在说谁？

EMI-EMI.

盲从是蠢蛋干的事

这些蠢蛋循规蹈矩

就像 EMI（"EMI"，Virgin，1977）。

第七章

1　尽管结构主义者会认同约翰·梅帕姆（译注：英国马克思主义者，学术期刊《激进哲学》[Radical Philosophy] 的四位创刊人之一）的观点，即"社会生活和语言一样是结构化的"，但除此以外，在社会接触和角色扮演等问题上，存在一个更为主流的研究传统，它压倒性地证明了社会互动严格受一套僵化的规则、规范与惯例所支配（至少在美国白人中产阶级中如此）（尤其可参见 Goffman，1971 and 1972）。

2　霍尔（1977）指出："人在战胜自然的过程中不断壮大自身力量，文化就是这种力量累积的结果，文化物化为劳动工具与劳动实践，并通过符号、思想、知识和语言等媒介代代相传，是人的'第二自然'。"

3　"无政府主义"与"话语"似乎是矛盾的，因为话语就意味着结构。不过，现在大家对超现实主义美学都非常熟悉了（虽然是通过广告等形式），可以说超现实主义美学已经有了"话语"这个词所隐含的统一性（统一的主题、规范与效果）。

4　芒加姆在一个工业小镇对周六夜间舞会进行了参与式观察，他展示了工人阶级生活的局限性如何借由求爱仪式、大男子主义和沉闷压抑的性氛围，延伸到舞厅之中（1976）。他描绘了一幅阴郁的图景：工人阶级在毫无乐趣的夜晚，无望地追逐"酒精和姑娘"（或"男人以及一起坐公交回家的浪漫"）。在这种环境中，工人的举止十分受限，任何自发的行为都会被舞厅经理与工作人员（主要是保镖）视作潜在叛乱因子。

5　原文为 BOF/wimp。 BOF = Boring Old Fart；Wimp 在俚语中意为胆小鬼，软弱、不自信的人。

6　1970 年，吉尔伯特与乔治举办了他们的首次展览。当时，他们穿着款式一样的保守套装，在手和脸上涂了金属粉，利用一只手套、一根拐杖和一台录音机在台子上无休止地重复着一系列精心控制的动作，模仿弗兰纳根与艾伦演唱了《拱门下》，大获好评。而他们别的作品，例如《失落的一天》与《正常的无聊》此后也走进世界各地的大型艺术馆。（译注：吉尔伯特与乔治是一对英国艺术家组合。这里提到的是他们的成名作——名为"唱歌的雕像"[The Singing Sculpture] 的行为艺术作品。两人也是一对情侣。）

7　当然，摇滚乐一直叫嚣着要消除这些分类，摇滚乐表演也与各种形式的骚动与混乱联系在一起（从泰迪男孩在披头士狂热时期捣毁影院座椅，到嬉皮士的偶发表演与狂欢节，概莫能外。在嬉皮士演出与狂欢节上，自由通过裸体、吸毒和一般的"自发"性行为被表达，不过没有那么激烈）。然而，朋克是一个新的起点。

8　"朋克"这个词就像美国黑人的"放克"与"超级坏蛋"一样，似乎构成了查尔斯·威尼克所说的"幻想与异化语言"的一部分，"这种语言颠覆价值，'可怕'意味着优秀"。

也可以参见沃尔夫（1969），他描述了60年代中期洛杉矶的"巡游"（cruising）景观：这是一种亚文化，青年们开着定制汽车，穿着运动衫，高梳着"完美蓬松发型"。在"巡游"文化中，"恶臭"（rank）意味着认可：

> 恶臭！恶臭就是腐朽的自然延伸……罗特和朔尔施成长于洛杉矶的腐朽年代。这个年代的宗旨就是对成人世界抱腐朽的态度。而这里的成人世界，从长远来看，意味着整个既定的社会结构，人们围绕工作安排个人生活、让自己融入这一包容整个社群的社会结构的社会系统。所谓腐朽就是退出传统的地位竞争，进入腐朽青年破烂的小房间，结成自己的联盟。

第八章

1　参见西尔维亚·哈维的《五月风暴与电影文化》（*May '68 and Film Culture*）。该书极其清晰地导读了"第二波"符号学家因艰涩而闻名的成果（其中大部分尚未被译为英文）。哈维勾勒出法国激进主义电影理论的发展路径：从70年代初《电影手册》（*Cahiers*）与《动力》（*Cinétique*）两本期刊对俄罗斯形式主义的挪用，到巴黎《如是》杂志小组的"能指学"。

2　这场辩论在英国掀起，主要可以归咎于电影杂志《银幕》（*Screen*）。可参见马卡比另一篇现实主义批评代表作（MacCabe，1975）。（译注：《银幕》是由英国电影电视教育协会出版的期刊，从1971年开始成为英国电影理论分析的首要论坛，《银幕》批评家们主要运用阿尔都塞的结构主义思想和拉康的精神分析解读电影。）

3　布莱希特希望他的"史诗剧"可以凭借其著名的"间离技巧"（alienation techniques）帮助观众"了解"剧作自我建构的"秘密"。这些技巧可以拉开观众与舞台的距离，至少在理论上，观众因此可以反思剧中呈现的社会关系，反思他（她）个人在文本"上"的位置（而不是在文本"中"的位置）。史诗剧阻止观众代入角色，打断连续的情节，不讨论解决方案，如此种种都是为了让观众认识到"现实是可以被改变的"（可参见《布莱希特论戏剧》[Willett，1978]）。布莱希特关注形式技巧，也看重形式技巧在戏剧政治化中的作用，他的观点对新电影理论的产生有极大影响（参见 Harvey，1978）。

4 艾森斯坦想要打破传统叙事的统一性，因此他基于"碰撞"原则而非"连接"原则（参见 Harvey，1978，p. 65）发展出蒙太奇理论（在电影中并置镜头）。

5 我只能请读者参考 A. White 的批判（1977），领会克里斯蒂娃对"象征性"等术语的使用，以及克里斯蒂娃作品的核心主题：统一性与过程之间的辩证关系、"象征性"与"符号性"之间的辩证关系：

符号性……是语言中命名与联系事物的主干部分，它是语义与句法的统一体，有了符号性，交流才有可能，理性才得以出现。因此，克里斯蒂娃将语言分成了两大领域：符号领域（先于感觉的声音、节奏与行动，其与冲动 [Triebe] 密切相关）与象征领域（语言的语义 – 句法功能，其是世界所有理性交流的必备条件）。象征领域一般"掌管"符号领域，并将符号与句法与音素绑定在一起，不过这限于符号的声音与行动的范围之内。语言两大领域的辩证关系构成了克里斯蒂娃论述诗学、主体与革命的理论背景。（另可参见 G. Nowell-Smith 在《爱丁堡 76 年杂志》第一期中对《符号化实践与生产模式》的导读）

6 符号系统的安置与构成需要确定一个言说主体在社会机构当中的身份，该主体认可该社会机构为其身份提供支持。当该言说主体处在身份形成的过程，并从一个角度背叛了他曾经寻求过认可的社会机构时，它就超越了符号系统。因此，这种超越的时刻也是社会分裂、革命、革新的时刻。（Kristeva，1976）

克里斯蒂娃特别在意"形成中的主体性"（subjectivity as a process）的概念，她反对传统那种单一、统一的主体，为此她借用了拉康精神分析理论中的"意义""象征性""符号性""想象性"等术语。即便是在分析亚文化风格的新语境中，克里斯蒂娃的"表意实践"概念仍然有效。

7 "谁能知道我们是否正为了逃避同一性而做着某种准备？"（A. Breton, 为 1920 年马克斯·恩斯的展览作序）

8 例如，可参见 1977 年 7 月 30 日《作曲家》的采访，以及 1977 年 7 月 5 日《伦敦旗帜晚报》的采访。泰迪男孩受访者一如既往地不满朋克作风，说朋克风格缺乏整体感，批评他们想要"耍小聪明"。

9 "我们所谓的'形成之中的主体性'，正是基于符号的语言讲述、拆解象征的语言，源于符号的语言重申其对象征的语言统一的控制。"（White，1977）同理，我们将亚文化解读为一种抵抗模式，正是基于从属群体再现、破坏象征性秩序的方式。

第九章

1 我在此断章取义，显然这对纳托尔不公，他其实不像同时代很多人那样严重曲解亚文化风格。尽管《炸弹文化》（*Bomb Culture*）的书名已经过时，但它还是对战后青年文化"爆炸"最好读、最权威的文化"鉴赏"之一。

2 参见贾恩·舒尔特（Jan Scholte，1970）。舒尔特对比了结构主义人类学的认识论前提和美国院校的经验主义与功能主义范式。

3 朋克与后来的光头党的对垒全新近才出现，所以在前文中没能提及。到了 1977 年 10 月，光头党已经成为朋克亚文化中的独立派别，也有了自己的音乐英雄（螺丝刀 [Skrewdriver]，骗子 69[Sham 69]，雷鬼音乐演奏者），也有更明确的贫民窟个性。这种敌意似乎是单向的，朋克受其装备所限，不是好斗的光头党的对手。

结论

1 最后杰克逊被处于无期徒刑。1970 年 6 月，杰克逊被移交到圣昆丁监狱，一年后，29 岁的他"试图逃狱"时被看守击毙。

2　在热内的监狱层级中，"笨蛋"（jerk）是最底层的。即便是"鸡奸犯"（chickens），如果他想也可以拒绝"老兄"（mac）、皮条客或"大人物"（big shot），但任何人无论何时都能招揽到"笨蛋"。

3　参见 Genet，1963。热内的戏剧全面地探讨了主仆相互贬抑的辩证关系。女仆已经被彻底殖民化，甚至成了怪物：她们是"主人的阴暗面"，是他"肮脏的代谢物"，她们迷失在自我厌恶之中，认为自己是其他人释放的"臭气"。另可参见凯特·米列特（K. Millett）在《性的政治》中对热内的评价。

4　萨特在给《鲜花圣母》的导言中写道，热内的语言是"语词的梦魇……它严重畸变，是偷来的，是伪造的，是诗化的"。

5　与此相反，有很多证据表明抵抗文化非但没能腐蚀现存社会结构，反而更加固了它。保罗·威利斯试图在《学做工》中解释"为什么工人阶级的孩子长大后也会从事工人阶级的工作"，他得出结论："反学校文化"推崇工人阶级社区传统的男子气概（比如在体力劳动与脑力劳动之间制造对立，相信体力与风趣强过学位，等等），因此协助了体力劳动力的再生产。

6　以下引文节选自《纽约书评》在 1970 年 3 月 26 日对让-保罗·萨特的访谈：

　　……我相信一个人总能从构成他自己的东西中，创造点什么出来。这就是我今天要给自由赋予的限度：自由是一些微小的行动，它让一个处处受限的社会存在不至于完全受其境况摆布。是自由让热内成为诗人，而他本来注定只是一个小偷。

7　在《X 世代》中，汉伯特与德弗森引用了伦敦南部一名 16 岁摩登族的话："你肯定讨厌成年人指望理解你这回事。因为你唯一比他们厉害的地方就是，他们觉得你很神秘，又很担心你。"

8　参见桑塔格（1970）对（城市或其他地方）人类学者特殊困境的判断："……他为了确定自己内心的那种陌生感，沉迷于异国情调，立志将其主体转变为一种纯粹的形式符码，从而将其消灭。"对桑塔格

209

来说，"探险家职业成为一种精神事业"是 20 世纪以后出现的特殊现象，源于康拉德（Joseph Conrad）、T. E. 劳伦斯、圣埃克苏佩里、蒙泰朗、马尔罗等人的作品。（译注：T. E. 劳伦斯 [T. E. Lawrence, 1888—1935] 是一名英国军官，"一战"后进入开罗军事情报部，负责中东地区的情报收集与战略建议；蒙泰朗 [Henry de Montherlant, 1896—1972]，法国散文家、小说家、剧作家，因自杀而身亡；马尔罗 [André Malraux, 1901—1976]，法国小说家、评论家、政治家，以上海四一二事件为蓝本的小说《人的境遇》获 1933 年龚古尔文学奖。）

虽然很多进行参与式观察的越轨行为学者很难被称为"探险家"，他们也跟"探险家"有某些相似之处。真正的人类学家会进入异域文化，在那里安营扎寨，而这类学者也是这样。用桑塔格的话来说，"无论身处何处，他们都不会感觉回到了'家'；从心理学上说，他们永远是一个被截肢者。"

"就这样，神话获胜了。"